张伯驹 词说

张恩岭 编著

河南人民出版社

图书在版编目(CIP)数据

张伯驹词说 / 张恩岭编著. —— 郑州：河南人民出版社，
2018.2(2021.8 重印)
ISBN 978-7-215-11192-9

Ⅰ.①张… Ⅱ.①张… Ⅲ.①张伯驹(1898-1982) -
人物研究 Ⅳ.①K825.4

中国版本图书馆 CIP 数据核字(2017)第 251755 号

河南人民出版社 出版发行
(地址：郑州市郑东新区祥盛街 27 号 邮政编码：450016 电话：65788055)
新华书店经销　　　　河南新华印刷集团有限公司印刷
开本 710 毫米×1000 毫米　1/16　　印张 14.75
字数 170 千字
2018 年 2 月第 1 版　　　　　2021 年 8 月第 2 次印刷

定价：36.00 元

张伯驹

牧石词书雅属

牧野鹰扬开地阔
石头虎踞壮天低

中州张伯驹

张伯驹手迹

序

张伯驹先生是我国近现代著名的词人、戏剧家、收藏家和书画家。作为中国知识分子中的文化大家，他的巨大价值越来越为人们所认识。他的人格，他的思想，他的艺术成就，越来越焕发出耀眼的光芒。

但现在的人们提起张伯驹，津津乐道的大都还是他的人生传奇、文坛轶事、捐献佳话。认为他一生最大的贡献，就是历尽磨难护国宝，稀世奇珍献国家。而对于他一生词作的艺术成就及其在中国词坛上的价值和地位，能够深刻理解并能欣赏、研究的人，恐怕就不很普遍了。

其实，张伯驹将一生珍藏之精华献给国家的义举固然可以传为千古美谈，但其一生最具文学价值，能够世代流布，给人以文化精神传递的艺术成就、学问情操，还是他一生的诗词、文章、书画作品。其精华的结晶之一就是《张伯驹词集》（中华书局1985年版，文物出版社2008年版）。这一点也正是张伯驹自己最看重的。他曾郑重地说过："文物，有钱则可到手，若少眼力，可请人帮忙，而诗，完全要靠自己。"

张伯驹一生实质上就是一个词人，可以说词作已成了张伯驹生命不可或缺的重要部分。也可以说张伯驹的文化底蕴主要体现在词作成就上。如果离开了文物收藏，张伯驹仍不愧为一个文化大家和艺术天才。而如果离开了词作，张伯驹文化大家的形象可能就要打些折扣了。

于是，我便萌生了一个愿望，就是不顾自己才疏学浅，斗胆将《张伯驹词集》中的作品，选其各方面的代表作若干首，加以注释、解说，让更多的人能够欣赏他的词作，了解其人生经历及其思想情感，并享受其词作灵性和艺术之美的熏陶。

但是，由于我表达能力的迟钝，常有能意会而不能言传的感觉，对其词的注释和解说，很可能是非常肤浅的，如能道其境界、情感、艺术之万一，已甚感欣慰，至于解说错误偏颇之处，则恳请方家批评指正。

对于本书所选的词，并没有一个确定的标准。还是凭我的理解能力和欣赏兴趣，对于那些用典较多，不易理解、记忆的词作，就选得少些。所选入的词除通俗易懂的特点之外，就是尽量选入其不同时期、不同风格的有代表性的词作，力争做到本书基本上是《张伯驹词集》的简明读本。我的这些想法和努力是否得当，以及是否实现了主观意图，当然还得由读者评判。

此外，由于我的鉴赏水平有限，加之本书所选词作篇幅掌握在150首左右，所以，一定还会有张伯驹很多优秀的词作未能选入这个薄薄的册子，亦请读者见谅。

最后，我想热切地告诉读者一句话，还是请您读读本书吧，因为有人说过："中国的文学（诗词）再发达，以后也不会再有张伯驹。"

勉为序。

张恩岭

2018年1月

目 录

第 一 辑

八声甘州　几兴亡 / 3
八声甘州　忆长安 / 5
兰陵王　晚烟直 / 7
水龙吟　乍开谁当花看 / 9
踏莎行　银烛垂消 / 11
浪淘沙　香雾湿汍澜 / 13
浪淘沙　春水远连天 / 15
卜算子　落叶掩重门 / 17
浣溪沙　霜压高城画角寒 / 18
浣溪沙　飒飒霜寒透碧纱 / 19
念奴娇　无人庭院 / 21
蝶恋花　深掩云屏山六扇 / 23
浪淘沙　乱雨湿江天 / 25
蝶恋花　眼底江山零落尽 / 26

鹧鸪天　为惜疏香此小留/27

霓裳中序第一　江山倏换色/29

秋霁　千里婵娟/31

鹧鸪天　二月春寒未放晴/33

临江仙　帘影故家池馆/34

惜红衣　水贴轻云/36

鹧鸪天　枕上寒潮断梦残/38

鹧鸪天　今古浮云玉垒关/39

谒金门　春夜悄/41

金缕曲　一刹成尘土/42

浣溪沙　客里芳春已半休/44

临江仙　垂柳阴阴雾锁/45

惜黄花　丹枫霜染/47

清平乐　楼高人远/48

清平乐　酒痕诗意/50

望海潮　鲸波吞日/51

玉楼春　天涯三月伤春惯/54

人月圆　连朝风雨无凭准/56

摸鱼儿　试登临/58

如梦令　寂寞黄昏庭院/60

扬州慢　丞相祠前/61

菩萨蛮　声声何处吹箫管/63

梦还家　无人院宇/65

摊破浣溪沙　相见时难别也难/67

东风第一枝　爆竹催春/68

尉迟杯　归时路/70

菩萨蛮　乱红转眼随春去/72

浣溪沙　黯淡云山展画叉/73

　　　　砧杵声声万里思/73

　　　　孤客沉吟意暗伤/73

　　　　听到无声更可怜/74

　　　　霜鬓萧萧独倚阑/74

　　　　新月搯成爪样钱/74

长亭怨　扫残叶/76

高阳台　万绿凝烟/78

虞美人　野梅做蕊残冬近/80

扬州慢　秋碧传真/82

金缕曲　金粉南唐绪/84

人月圆　百年几换楼台主/86

鹧鸪天　小巷垂杨日闭门/88

第二辑

浣溪沙　野草闲花半夕阳/92

　　　　马后马前判暖寒/92

　　　　自把金尊劝酒频/93

　　　　时盼南云到雁鸿/93

金缕曲	风雨关山黑/95
浣溪沙	省识前身玉女魂/97
定风波	辽海归来雪满身/98
蝶恋花	开遍碧桃花满树/99
人月圆	玉街踏去疑空水/100
浣溪沙	去后寒斋案积尘/101
飞雪满群山	白草连云/102
燕山亭	楼外香融/104
水调歌头	人亦有新旧/106
蝶恋花	马上琵琶斜抱斗/108
鹧鸪天	四望迷濛暝不开/110
蝶恋花	玉枕懵腾春半醒/112
高阳台	堆雪成川/114
浣溪沙	雨后残阳噪乱鸦/116
水调歌头	回首已成梦/118
六州歌头	昆仑一脉/120
鹧鸪天	帘影参差竹影斜/123
鹧鸪天	闷倚阑干似醉中/125
思远人	花落絮飞春事了/127

第 三 辑

一剪梅	日短日长一线差	/ 132
小秦王	窗外坐看送夕阳	/ 134
鹧鸪天	赢步犹能直上颠	/ 135
小秦王	寒风相妒雪相侵	/ 137
	华清池外小阑干	/ 137
	解缆行人晚泊船	/ 138
鹧鸪天	曾是高标蠹盛唐	/ 139
浣溪沙	烽火家书抵万金	/ 141
	直北关山在望中	/ 141
渭城曲	肆间初见小梅姿	/ 143
鹧鸪天	垂老飘零燕寄椽	/ 144
小秦王	才无宋玉赋高唐	/ 146
鹧鸪天	落叶声停夜打门	/ 148
鹧鸪天	白首齐眉几上元	/ 149
浣溪沙	梦里曾于净土行	/ 150
瑞鹧鸪	大觉名存地已非	/ 151
浪淘沙	独自立华褵	/ 153
小秦王	清溪堤外稻花田	/ 155
杨柳枝	朝雨渭城尘不飞	/ 156
	灞陵桥上车马过	/ 157
	丝丝金缕弄轻柔	/ 158
	胭脂坡上路邪斜	/ 158

	孤店疲驴客去家 / 159
	迷离烟色有无间 / 159
鹊桥仙	秋宵寂寞 / 161
相见欢	放教月上高楼 / 162
啰唝曲	腊残梅始发 / 164
	岁尽临除夕 / 164
	两小痴骏女 / 164
	坐久心无着 / 165
鹧鸪天	一出函关六国销 / 166
鹧鸪天	皱面观河叹改颜 / 168
	生也有涯乐有余 / 168
人月圆	南斜街里鬟龄事 / 170

第四辑

小秦王	老年人在雾中行 / 174
	旧雨无多新雨来 / 174
	夹道松阴石径斜 / 175
	折来羞对杏枝妍 / 175
鹧鸪天	无限妖娆拥紫云 / 176
水调歌头	冬雪瘗秋草 / 177
瑞鹧鸪	云霄万里作神游 / 179
小秦王	金风玉露始相逢 / 181

　　　　　一年一度有佳期/ 181

　　　　　金井西风落碧梧/ 181

　　　　　小扇欲捐暑气回/ 182

　　　　　开来七夕有情天/ 182

　　　　　如水天街白露凉/ 182

人月圆　轻阴酿雨云遮幕/ 184

小秦王　茫茫天地接空濛/ 186

　　　　　周原上下尽铺棉/ 186

瑞鹧鸪　成幄丝丝翠满围/ 187

　　　　　依水浓阴满四围/ 187

　　　　　藏莺笼马已盈围/ 188

　　　　　泊絮门前乱一围/ 188

　　　　　覆屋当门碧几围/ 188

　　　　　一带笼阴映四围/ 189

浣溪沙　老眼迷离不见山/ 190

小秦王　七十年来换物华/ 191

　　　　　老来只作看花吟/ 191

第 五 辑

小秦王　丛生荆棘刺牵裾/ 196

　　　　　清泉汩汩净无沙/ 196

小秦王　小院深深昼日长 / 198

　　　　　检点阶花几朵开 / 198

　　　　　蒲葵挥扇坐中庭 / 198

鹧鸪天　问是无名是有名 / 200

小秦王　耳际蝉声换世声 / 202

小秦王　沿堤暑雨长蒹葭 / 203

人月圆　团圆但见清辉满 / 204

小秦王　夏至长天乍短时 / 205

　　　　　捣碎小花密密封 / 205

　　　　　野草闲花也号梅 / 206

　　　　　煨芋山中亦当禾 / 206

　　　　　黄梅时节雨丝丝 / 206

小秦王　怕黄昏却又黄昏 / 208

第 六 辑

浣溪沙　孤鹜残霞共一天 / 212

　　　　　绮梦匆匆过少年 / 212

小秦王　只载轻舟不载愁 / 214

鹊桥仙　银河倒泻 / 215

临江仙　西北重峦叠嶂 / 217

浣溪沙　象鼻山西有小村 / 219

临江仙　旧侣半为宿草 / 221

忆王孙　窗灯炉火夜寒浸 / 222

第一辑

选自《丛碧词》

八声甘州①

三十自寿②

几兴亡、无恙③旧河山,残棋一枰④收。负陌头柳色,秦关⑤百二,悔觅封侯⑥。前事都随逝水,明月怯登楼。甚五陵年少⑦,骏马貂裘。

玉管珠弦欢罢,春来人自瘦,未减风流。问当年张绪⑧,绿鬓⑨可长留?更江南、落花肠断,望连天、烽火遍中州⑩,休惆怅、有华筵在,仗酒销愁。

[注释]

①八声甘州:词牌名。又名《甘州》《潇潇雨》等。《甘州》本唐大曲名。此调因上下阕八韵,故名八声,双调97字,平韵。

②三十自寿:此词作于1927年,时年作者30岁。这是《张伯驹词集》里收录的他的第一首词。

③恙(yàng):病。

④枰(píng):棋盘。

⑤秦关:语出王昌龄《出塞》:"秦时明月汉时关,万里长征人未还。"

泛指边塞关山。

⑥悔觅封侯：语出王昌龄《闺怨》："忽见陌头杨柳色，悔教夫婿觅封侯。"

⑦五陵年少：泛指有钱有势人家的子弟。

⑧张绪（422—489）：字思曼，南朝齐吴郡人。张裕孙，长于《周易》，言精理奥，见宗一时，为人清简寡欲，忘情荣禄，朝野皆贵其风。

⑨绿鬓：黑发，绿谓柳树风流，枝条甚长，状若丝缕，貌如当年张绪。《南史·张裕传》载：武帝曾赏柳咨嗟，曰："此杨柳风流可爱，似张绪当年时。"

⑩烽火遍中州：指1920年至1927年之间的军阀混战。

[赏析]

　　这是一首咏史怀古词，也是《张伯驹词集》的第一首词。而立之年，他立下了誓愿，从此读书从艺，在艺海里遨游人生。上片里，作者追怀古昔朝代兴亡的历史，抒发了人间沧桑，山河依旧的感叹，检讨了自己骏马貂裘，年华已逝，追逐官场，一事无成，空余遗恨的过去，但不必陷入往事的泥沼。下片表达了他对连年军阀混战的忧思，对政治的厌倦：这世界哪堪挽救，不如对酒当歌，不枉人生。同时，作者引用张绪一典，表达了自己对张绪清简寡欲、忘情荣禄的性情和志向的赞赏，以及自比张绪如杨柳风流可爱的潇洒风度，表示有意追求风流恬淡的人生，从而表现出青年时代的张伯驹所具有的当时普通人和贵公子们所不具备的那种超脱和飘逸。

　　这首词情致宛笃，对仗精工，力透纸背，落拓中自有一种豪放，反映了他对当时社会的无奈和不屑为伍的心态，也展现了他早年写词的功力，可说是出手不凡。从此，张伯驹致力于辞章，终生不废，笔墨触及各类题材。

八声甘州

忆长安、春夜骋豪游，走马拥貂裘。指银瓶索酒，当筵看剑，往事悠悠。三月莺花已倦，一梦觉扬州。襟上啼痕在，犹滞清愁。

又是登临怀感，听数声渔笛，落雁汀洲。看残烟堆叶，零乱不胜秋。碧天长、白云无际，盼归期、帆影送轻鸥。倚阑处、才斜阳去，月又当楼。

［赏析］

这是一首抒情词，反映了词人青年时代诗酒豪纵、裘马轻狂的生活。作者年轻时曾从军，任陕西督军署参议兼驻京代表，但不久即辞去军职，全身心致力于艺术创作。此词上片即叙述其青年时期的抱负及其放纵不羁的傲岸性格。从西安的那一段从军生涯写起，"三月莺花已倦"句中的一个"倦"字，吐露了对军政职事的厌倦之感。下片主要写其登临感怀，放情山水游历时的感受，既有思古之幽情，又有游子思乡的愁怀。残秋景色象征时局，状写惆怅情怀。"一梦觉扬州"，用杜牧诗意，小杜《遣怀》有句云"十年一觉扬州梦，赢得青楼薄幸名"。"月又当楼"意味沉绵,让人想到曹植的《怨歌行》:"明月照高楼,流光正徘徊。"又有了月下怀念亲人,不胜凄楚的情感。整首词可谓豪放中兼有细腻的情感。此词笔力健举,语调多变,节奏跌宕,风格纤细与犷放兼备,显示了其早年词作的功力。

兰 陵 王①

金陵②客中。依清真韵③

晚烟直,春草无人自碧。吴门④外、官道夕阳,怕见青青柳丝色。红尘望故国,谁识、飘零旧客。来时路、天外片帆,不尽江流泪千尺。

萍踪问前迹,又酒剩空尊,花落残席。小楼夜雨过寒食。忆十里迢递,几番寒暖,亭长亭短又一驿。念家在天北。

悲恻,恨凝积。叹客意阑珊,归梦沉寂。芳春有尽愁无极。听卖杏深巷,唤饧⑤长笛。寒宵孤枕,更漏断,似泪滴。

[注释]

①兰陵王:词牌名,三段130字或131字,仄韵。

②金陵：指南京。

③依清真韵：周邦彦，号清真居士，其词《兰陵王·咏柳》极有名。此词依清真韵，即依周原词的韵次。

④吴门：泛指江南一带。

⑤饧（xíng）：糖块面剂子等变软。

[赏析]

  此词是羁旅山水的抒情词。第一片由"晚烟直"说出旅途晚上所见情景，提起全篇，"不尽江流泪千尺"极言漂泊之苦。第二片写旅途上"几番寒暖"，友朋相别的离情别绪，以及旅途无涯，游子思乡的愁情。第三片集中抒情，"芳春有尽愁无极"，生动形象，又由"听卖杏深巷，唤饧长笛"，强烈烘托出了游子思乡的悲情，不觉泪下，情感直率、真挚。全篇意若连贯，层次极清，前后照应而不着痕迹。

  当代著名学者冯其庸先生在其《旷世奇人张伯驹》一文中极为赞赏这首词。他说："张伯驹先生的这首词是依清真原词的韵次，逐句逐韵填押，用韵的次序丝毫不乱。而词作本身，依然一气呵成，天然浑成，无丝毫勉强凑韵之感，这可见他的才气大功力深。"冯其庸先生还就此词及张伯驹的其他词作说："伯老的词，确是地道的词人之词，是承唐五代及两宋格律派词人的传统。"

水 龙 吟①

杨花②。依章质夫、苏东坡唱和韵③

乍开谁当花看,幻身一现旋教坠。隋堤④路远,章台⑤非旧,有何情思。摇荡春魂,懵腾酒梦,重门深闭。算颠狂成性,飘零经惯,最容易,因风起。

抛撒故乡何处。料天涯、枝头难缀。飞时有迹,捉来无影,欲团还碎。乱扑征衣,轻窥离席,又随流水。怪年年作态,将人勾引,洒东风泪。

[注释]

①水龙吟:词牌名,又名《小楼连苑》《龙吟曲》等。双调102字,仄韵。

②杨花:指柳絮。"杨花"是古诗词中常出现的意象,但它与杨树无关,而是指柳絮,古人一般称柳树为杨柳,故柳絮也常被称为杨花。

③依章质夫、苏东坡唱和韵:章次,字质夫,与苏轼同官京师。苏东坡唱和韵:苏东坡曾有词《水龙吟·次韵章质夫〈杨花词〉》,意思是章质夫有咏杨花的词,苏东坡便依章质夫词韵合作了一首,而张伯驹这首

词又是依章质夫、苏东坡词韵和作的,所以难度极高。

④隋堤:隋炀帝开凿运河,两岸堤上并植杨柳,后人称为"隋堤"。后用为咏柳的典故。

⑤章台:章台街是汉代长安的一条繁华街道,旧时这里多妓院,后世用为妓院等地的代称。

[赏析]

苏东坡词《水龙吟》大约作于宋哲宗元右二年(1087),为借柳絮拟人抒情的咏柳之作。全词意象朦胧,明咏杨花,暗咏思妇,离形取神,借杨花以寄托身世坎坷沦落之寂寞幽怨,是苏东坡婉约词的经典之作。张伯驹此词便是大致依东坡词意而咏柳絮的,意思也是感叹柳絮的命运。这首词曾受到著名学者冯其庸的高度评价。他说:"东坡的和词已经把章质夫的原唱压倒,如今要再和此词……后人确是难乎其难了。但是张伯驹不仅和了,而且一和再和,都是用'章质夫、苏东坡唱和韵',这需要多么大的才华和功力?"冯其庸又说:"伯老的词,确是地道的词人之词,是承唐五代及两宋格律派词人的传统,这就显得需要功力和才气。"

踏莎行①

送寒云②宿霭兰室

银烛垂消,金钗③欲醉,荒鸡数动还无睡。梦回珠幔漏④初沉,夜寒定有人相忆。

酒后情肠,眼前风味,将离别更嫌憔悴。玉街归去暗无人,飘摇密雪如花坠。

[注释]

①踏莎行:词牌名。又名《柳长春》《喜朝天》等。双调58字,仄韵。又有《转调踏莎行》双调64字或66字,仄韵。

②寒云:袁世凯次子袁克文,字豹岑,号寒云,与张伯驹交从甚密,时与张学良、张伯驹、溥侗并称民国"四大公子"。此词作于1930年冬。

③钗(chāi):妇女的一种首饰。

④漏:古代计时器,以铜壶盛水,水从壶中漏出,壶中箭上刻度显出时辰,夜深时,漏壶水少。

[赏析]

　　这首词抒写惜别之情。聚会和惜别是在寒冬深夜,大雪纷飞之时。上片从侧面曲折地写出惜别时凄清和深沉的情感,作者写朋友妻子于寒夜思念丈夫之深情与孤寂凄楚的情景,以显示自己与朋友之间的感情。下片直写饮宴之后将别时的惨淡情景,为主人公的惜别之情营造了环境氛围。最后一句把无限的相思惜别之情寓于雄浑迷蒙的景色之中,点出自己浓郁的愁思和深情,如深沉的天宇和无尽的雪花。真是以景抒情,情景相生。全词意境凄婉,而又蕴含刚劲、雄放之气。

浪淘沙①

香雾湿汍澜②,乍试衣单。小楼消息雨珊珊③。斜卷珠帘人病起,无奈春寒。

愁思已无端,又减华颜。年年几见月团圆。燕子不来花落去,莫倚阑干④。

[注释]

①浪淘沙:词牌名,又名《浪淘沙令》《卖花声》《过龙门》等,双调54字,平韵。
②汍澜:流泪的样子。
③珊珊:形容走路缓慢从容,在这里形容雨疏风轻。
④阑干:在这里作栏杆讲。

[赏析]

这是一首思春怀人词,也是传统的题材。上片写一个多愁善感的少女,在春寒细雨中的小楼上伤春若病的样子,创造出一个美丽清幽的春寒怀人的艺术境界。下片写主人公的无端愁思,并没有明确的思念对象,只是感到"燕子不来花落去"的落寞惆怅,是一种朦胧少女怀春的情感,把一个少女多情、纯洁的情感形象写得细腻传神。语言婉丽流畅,情韵深远。

  对于这首词,诸多词家给予很高评价,如,黄君坦:"南唐小令妙在不着色,不着力,神韵天然。作者深悟此境,往往似之。"周汝昌:"语语无新奇处,语语是浑成境。重光以后,便少如此法。"

浪 淘 沙

金陵①怀古

春水远连天,潮去潮还。莫愁湖②上雨如烟。燕子归来寻旧垒,王谢堂前③。

玉树已歌残④,空说龙蟠⑤。斜阳满地莫凭阑。往代繁华都已矣,只剩江山。

[注释]

①金陵:即南京。

②莫愁湖:莫愁是南北朝时期的著名美女。古乐府《莫愁乐》:"莫愁在何处?莫愁石城西。艇子打两桨,催送莫愁来。"今南京城内有莫愁湖。

③王谢堂前:刘禹锡《乌衣巷》:"朱雀桥边野草花,乌衣巷口夕阳斜。旧时王谢堂前燕,飞入寻常百姓家。"王、谢,六朝时望族,住南京乌衣巷。

④玉树已歌残:杜牧《泊秦淮》:"烟笼寒水月笼沙,夜泊秦淮近酒家。商女不知亡国恨,隔江犹唱后庭花。""后庭花"即《玉树后庭花》的曲子,当年陈后主作,为亡国之音。

⑤蟠（pán）：盘曲地伏着，南京历来被称为虎踞龙蟠之地。

[赏析]

　　这是一首怀古词。作者通篇隐括刘禹锡诗意，即景抒情，追怀古昔，抒发了人间沧桑和物是人非的感慨。上片先叙莫愁的美丽传说，再写如今莫愁湖上雨如烟的悲凉、空旷的气氛，紧接着化用刘禹锡《乌衣巷》诗意，以对王谢盛衰无常的嘲讽，抒发了对历史的兴衰深为感慨的情怀。下片化用杜牧《泊秦淮》诗意，直接议论"往代繁华都已矣，只剩江山"，从而透出历史迁逝，人亡物换，故国繁荣已去却江山依旧，孤城荒凉的现实，颇有警世之意。全词巧妙隐括，融化前人诗意构成开阔境界，内蕴深远，气韵悲壮而沉郁，使人读后有无限苍凉之感。

卜　算　子①

　　落叶掩重门，桂子香初定。今夜月明分外寒，照澈双人影。

　　薄袂②倚虚廊，天外银河耿③。街鼓无声未肯眠，忘却霜华冷。

[注释]

①卜算子：词牌名。又名《百尺楼》《眉峰碧》等。双调44字，仄韵。
②袂（mèi）：衣袖。
③耿：光明。

[赏析]

　　这是一首描写深秋寒夜，独立桂花庭院时的抒情小令。上片写秋夜人静，桂香初发，夜月皎洁，作者与妻子双双立于庭院赏花赏月的情景。下片写作者的感受，秋意微冷，银河明亮，繁星闪烁，夜阑人静，好一个充满诗情画意的秋夜。词人敏感的心，感到了周遭意境的清逸幽冷，真是心旷神怡，超然乎尘垢之外，忘却了人间的烦恼。全词文笔纯净，明快妍丽。

浣 溪 沙①

霜压高城画角②寒，黄花满地雁横天。无边凄咽晚风前。

落叶打门声似雨，残灯支枕夜如年。那堪③憔悴为秋怜。

[注释]

①浣溪沙：词牌名，亦作《浣溪纱》或《浣纱溪》，分平韵、仄韵两体。
②画角：号角，古代军中的一种乐器。
③那堪：即"不堪"之意。

[赏析]

这是一首写景抒情词。伤春悲秋，是古诗词中常见的题材和情感。这首词亦为此意，是较为典型的婉约词，但又不同于一些吟风弄月、感情空虚的词。此篇语境开阔，格调悲壮，景中含情，情感丰富、深沉。全词篇幅虽小，却容纳了许多生动鲜明的形象，如霜压、画角、黄花、大雁、晚风、落叶、残灯等，烘托了深秋寒夜的凄凉景色和慷慨悲凉的情感。尤为精妙的是，本词的诸多动词压、横、打、支等，贴切、生动、形象，富有强烈的感情色彩，给人以极大的感染力，如身临其境一般。全词句句堪称佳句，语言节奏婉转，精练工妙。

浣 溪 沙

飒飒霜寒透碧纱，可堪锦瑟①怨年华。风前独立鬓丝斜。宛转柔情都似水，飘摇残梦总如花。人间何处不天涯。

[注释]

①锦瑟：漆绘装饰得很美的瑟。瑟，古代一种乐器。

[赏析]

这是一首抒情小令。上片写霜寒之夜寂寞幽冷，这时传来一阵锦瑟的哀怨之声，好像是有一个少女在寒风中独立。听着锦瑟之声，不由得感叹过往的年华，此时境界更加朦胧、凄楚。下片进一步写少女触景生情，感叹自己的身世如残梦之迷离，如落花之飘摇，自己的感情似水一样白白流去，无人理解，好像漂泊在天涯一样的孤独。最后一句颇富哲理，任何一处对于他处来说都是遥远的天涯。

词人以浓郁的情感，感叹人生漂游不定、年华易逝，这种迷茫难言的心情，使人很自然地感受到弥漫于全词的怅惘、寂寞、向往、失落的情思意绪。全词体现出作者善于捕捉刹那间的生活感受，体察入微的才思和情感，语言细腻入微，其声凄婉动人，其韵跌宕回环，极富美感。

念 奴 娇①

中秋寄内②

无人庭院,坠夜霜、湿透闲阶堆叶。月是团圞③今夜好,可奈个④人离别。倚遍云阑,立残花径,触绪添凄咽。满身清露,更谁低问凉热。

记得去年今日,盈盈双袖,满地明如雪。只影那堪重对此,美景良辰虚设。玉漏无声,银灯息焰,总是愁时节。谁家歌管,任他紫玉⑤吹彻。

[注释]

①念奴娇:词牌名。念奴为唐天宝中著名歌女,因其音调高亢,遂取为调名。又名《百字令》《大江东去》《酹江月》《壶中天》等。双调100字,仄韵,亦有用平韵者。

②内:内人,泛指妻妾。这首词应是妻子李月娥身后缅怀之作。已卯中秋,时在1939年9月27日。

③团圞:亦作团栾,即圆圆的样子,也有团聚的意思。

④个:衬字,无意。
⑤紫玉:紫玉箫,一种华贵的乐器。

[赏析]

  这是一首怀人抒情词。念远怀人,抒发对妻子的深情厚爱和离情别绪。从写作时间上看,应是写给邓韵绮的,他写给潘素的词一般不题"寄内",都是直写"寄慧素"。上片写眼前的实景和感触,中秋之夜,月圆露清,落叶堆阶。景色既美而又凄凉,只因为孤身一人,惆怅离别。下片写回忆之情景,去年今日,花好月圆,夫妻团聚,恰好和今日情景形成对比,更增加了词人的伤感。最后一句,词已尽而意无穷,含蓄深远,对妻子相思之情深,自不待言。全词以写景始,以抒情终,结构绵密,格调凄婉,意境缠绵、忧伤,语词凄怨悱恻而又通俗流畅,自然动人,佳句成串,是一首情调婉约的好词。

  唐宋词中,词调不下数百,有豪放,有婉约,"念奴娇"当是个高调、雄曲,适宜逸足奔放的歌词,苏轼用此调作赤壁怀古词,首句"大江东去",逸响入云。而作者却用此词牌写出了婉转缠绵、凄咽情怨之调,用同一曲调表达了不同的内容与感情,可见其词作功力不凡。

蝶 恋 花①

深掩云屏②山六扇,对语东风,依旧双双燕。小院酒阑③人又散,斜阳犹恋残花面。

流水一分春一半,有限年华,却是愁无限。禁得日来情缱绻④,任教醉也凭谁劝。

[注释]

①蝶恋花:本名《鹊踏枝》,后用为词牌,又被改名为《蝶恋花》。另名《凤栖梧》《卷珠帘》等,双调60字,仄韵。

②屏:挂在壁上作装饰的条幅,通常以四条、六条或八条字画联列成组。

③阑:尽、晚。

④缱绻(qiǎn quǎn):情意缠绵。

[赏析]

这是一首景中见景的小词,反映的虽是个人生活感受和刹那间的感情波澜,但写来文字清隽、疏淡,意境开阔,明白如话,回味无穷。

上片写小院酒阑人散之后，安静闲适，又有几分空虚之感，斜阳犹照着条屏上的山水花鸟，意境舒润而又惨淡。下片抒写春天易逝，年华不再的感慨，言与意会，情与景融。

这首词曾被行家评为"清妙自然""可乱六一"。"六一"即欧阳修，晚年自号"六一居士"，其词作《蝶恋花·庭院深深深几许》，写景状物，疏峻委曲，情景妙合，物我交融，与张伯驹此词相较，都是一样的和婉，低回欲绝，余音袅袅。

浪 淘 沙

广州至汉口飞机上作

乱雨湿江天,晓雾漫漫。万峰叠翠到人前。归梦又随春去也,日近长安。

百丈响风鸢①。俯视云烟。岳阳城下浪花翻。一镜空濛三万顷,飞过君山。

[注释]

①风鸢:鸢,老鹰。风鸢,风筝。

[赏析]

以飞机上俯视江河大地的情景和感受为题材的词作并不多见。此词可谓此类题材的优秀之作,也是张伯驹豪放词作之一。写从飞机上俯视人间的景象,一掠而过,极不易写,但词人却写得极为生动,突出典型形象,"岳阳城下浪花翻",景象逼真,极有气势,且含有作者激情"一镜空濛三万顷",大有横绝六合,一览天下之概。

蝶 恋 花

眼底江山零落尽，愁雨愁风，更是重阳近。乌帽青衫尘扑鬓，重思往事眉痕晕。

孤馆凄凉灯一寸，睡也无聊，醒又无聊甚。明日朱颜成瘦损，夜长不管离人恨。

[赏析]

这是一首描写文人羁旅行役生活的抒情词。上片写重阳时节，风雨潇潇，花木零落，风景凋残情景。此时此刻，正是亲人团聚的时候，怎不令奔波在旅途的游子思念亲人，回忆往事。下片抒情，孤馆凄凉，游子思乡，辗转难眠，犹感夜长，又恨长夜不能理解游子的苦恼。这深深的苦恼啊，肯定会把旅途之人折磨得身体清瘦，容颜憔悴。

全词情感深沉，写景抒情，铺叙有致，回环往复，一唱三叹，景凄情哀，词风沉郁苍凉。作者把森寒的秋天景物、孤寂的旅途和游子的思乡孤苦之情，穿插交织抒写，融成一体，引起人们心灵的共鸣。

鹧鸪天①

甲戌正月下旬偕韵绮②,同西明,夜至无锡,借笼灯入梅园宿。次日冒雨登鼋头渚③,望太湖④,归谱此词

为惜疏香⑤此小留,碎阴满地语声柔。花光照眼还如雪,湖水拍天欲上楼。

风细细,雨飕飕,计程明日又苏州。客中过了春多少,只替春愁不自愁。

[注释]

①鹧鸪天:词牌名。又名《思佳客》等。双调56字,平韵。
②韵绮:张伯驹先生的第二夫人。"甲戌"为1934年。
③鼋头渚:鼋头渚是横卧太湖西北岸的一个半岛,因巨石突入湖中形状酷肖神鼋昂首而得名。鼋头渚风光,山清水秀,天然浑成,故有"太湖第一名胜"之称。郭沫若有诗称赞:"太湖佳绝处,毕竟在鼋头。"
④太湖:在江苏省,太湖烟波浩渺,三山如神龟静伏水面,尤显绰约多姿,岛上松竹苍翠,以独特的灵秀风光闻名遐迩。

⑤疏香：代指梅花。林逋诗《梅花》："疏影横斜水清浅，暗香浮动月黄昏。"广为传诵，后便取"疏香"借指梅花。

［赏析］

  这是一首描写太湖风景的小词，写太湖岸上繁花似锦，湖水春潮澎湃的开阔盛大之美，抒发了作者欢快愉悦的心情和惜花伤春的情意。本词清新秀丽，婉转天成。写景细致精工，令人赞叹，风很细微，雨却很急，情趣无限。

霓裳中序第一①

西山②赏雪归作

江山倏③换色,万象无声都一白,桥下流冰滰④滰,看亘野玉田,凌空银壁,荆关画笔⑤。唳⑥朔风、飞雁迷迹。凭阑望、一天黯淡,更莫辨南北。

清寂,埋愁三尺。玉街暗、繁云冻逼。归车难识旧宅,又夜永如年,酒寒无力。烛盘红泪滴,梦里觉、梅花扑鼻。铜瓶冷、竹窗萧瑟,月影映丛碧⑦。

[注释]

①霓裳中序第一:词牌名。《霓裳》为《霓裳羽衣曲》之简称。双调101字,仄韵。

②西山:北京西山。

③倏(shū):极快地,忽然。

④滰(guó):水分裂而去。

⑤荆关画笔:荆,荆浩;关,关同。在山水画方面,他们是五代时期的代表人物。荆浩,长期隐居在山西太行山的洪谷,他的山水画取景

广阔,故有大气磅礴之势;关同,师法荆浩,有"出蓝"之誉,故画史常"荆关"并称,他活动于秦岭、华山一带,其画笔雄劲,气势峭拔,表现出山川奇伟的气质。

⑥唳(lì):鸟鸣。

⑦丛碧:"丛碧山房",康熙帝御笔,张伯驹收藏的第一件墨宝,从此张伯驹居处斋号"丛碧山房",张伯驹字丛碧。

[赏析]

这是一首咏雪词,起首就笔力千钧,震撼人心。上片写雪景,取景广阔,"看亘野玉田"有千里冰封的壮阔,"凌空银壁",冰川银壁,写出了雪山的雄奇,冰川的峭拔,真是笔力雄劲。"唳朔风、飞雁迷迹",一片冰冷寂寞的世界,横出飞雁,静中有动,更显示出山川雪景那奇伟的气质。下片写赏雪归来后的感受,仍是字字珠玑,溢华流彩。词人梦见梅花,梅花是孤傲、高洁、晶莹的象征,梅花在词中往往代表作者的品格。由此可见,雪景给词人留下的印象多么深切、美好。

总括全词,画面开阔,意境雄浑,笔力粗豪雄放,气力非凡,具有劲拔、坚韧之美,上片笔法壮阔,笔力苍劲,下片则委婉细腻,情意缠绵,刚柔相济,情景兼美。词人寇梦碧极其赏识此词首开句。他评道:"一起凭空而来,笔力万钧。"

秋霁①

中秋同韵绮、鹤孙、西明②泛舟昆明湖③赏月,迟景荣吹笛,王瑞芝操弦和之

千里婵娟④,与玉阙琼楼⑤,共一颜色。寒似层冰,皎如圆镜,照来水天双澈。一叶剪碧,荇⑥飘翠带鱼盈尺。隔树阴,蛩⑦语、长桥横卧少人迹。

歌板暗诉,怨抑沉沉⑧,夜阑秋声,都入瑶笛。倚兰桡⑨、临流顾影,人间未应有今夕。疑是广寒天上客。素娥⑩何处、应似桂殿⑪同游,满身清露,去时还湿。

[注释]

①秋霁:词牌名。仄韵格,双片88字,前片五仄韵,后片六仄韵,宜用入声韵。前片结尾句与后片倒数第二句皆用上一下四句法。
②韵绮为张伯驹先生的第二夫人,鹤孙、西明均为作者友人。
③昆明湖:在北京颐和园。

④婵娟：指月亮。

⑤玉阙琼楼：月中宫殿。阙（quē）：古代宫殿或祠庙前的楼观。

⑥荇（xìng）：荇菜，水生植物，叶浮在水面上，夏天开花，黄色，根茎可吃。

⑦蛩（qióng）：蟋蟀。

⑧沉沉：深邃貌。

⑨桡（ráo）：船桨，代指船。

⑩素娥：即嫦娥，神话人物，后羿从西王母处得到不死之药，嫦娥偷吃后，遂奔月宫。

⑪桂殿：传说月亮上有桂树，高五百丈，下有一人常砍之，树创随合。后世故有"吴刚伐桂"的故事。殿，月上的宫殿。

[赏析]

　　这是一首赏月纪游之词。词人以其特有的工丽笔致，描绘了一幅难得的中秋月夜、湖上泛舟、唱叹抒情的游乐图。从此词可以看出，作者不但长于抒情，也工于咏物，此篇即是咏物结构。上片写昆明湖月夜美景，首先写月光清寒明亮，水天双澈，这是大环境。接着写一叶扁舟在湖上划行，船边荇菜漂荡，鱼儿欢快畅游，这是近景。再次，写远处蟋蟀低语，长桥无人的幽静景象，这是远景。这些景物和谐地融为一体，呈现出波光迷离、明月荡碎、境清神远的诗情画意。下片抒情，着重写客人陶醉于风景之中的愉悦心情，清逸脱俗的品格和出尘远世的超然情怀，读后使人有如临其境的感觉，生出一种遗世独立、羽化登仙的超越凡尘之乐，净化了人们的心灵。

　　本词写得飘逸高妙，摇曳多姿，文辞清丽生动。从艺术手法上可看出张伯驹深谙音律，字句精工，达到了圆融美艳，修琢无痕的境地。

鹧 鸪 天

西湖旅夜

二月春寒未放晴,炉香烟细冷云屏。灯花照影愁先觉,湖水摇窗梦不成。

一阵阵,一声声,斜风细雨到天明。问人夜睡何曾着,燕子无须唤客醒。

[赏析]

这是一首纪游之词。写作者宿西湖时深夜和清晨的感受。斜风细雨,湖水荡漾,燕子轻盈,意境美妙多情,词人竟高兴得一夜未曾入睡。全词清婉圆转,工巧流丽,风韵天然,词风欢快,着笔细腻,而又不落痕迹。这是张伯驹小令的突出特色,体现了他"自写性情"的主张。他的小令中多率情之作,往往就眼前景色,抒写内心情感,自然而发,生动感人。

临江仙①

帘影故家池馆,笛声旧日江城。一春深院少人行。微风花乱落,小雨草丛生。

驿②路千山千水,戍③楼三点三更。繁华回忆不分明。离尊④人自醉,残烛梦初醒。

[注释]

①临江仙:词牌名。原曲多用以咏水仙,故名。双调58字或60字,皆用平韵。

②驿(yì):驿站,旧时传递官府文书的人中途休息的地方。

③戍(shù):军队驻防;边防地的营垒、城堡。

④尊:同"樽",古代的盛酒器具。

[赏析]

这是一首抒发羁旅愁怀的词,此类题材在古词中一般都写得凄哀愁情、哀怨欲绝。在这首词里,作者虽然也有感伤的情怀,却把这些情怀巧妙地融化在轻灵可爱的物象中了,写花儿的飘落与小草的清丽可喜，都真切如画，充满生趣，即便是愁情，也成了很有情趣的感受。如"微风花乱落，小雨草丛生"，不仅语言工巧，颇有情趣，而且其中萌生着盎然的活力。"驿路千山千水，戍楼三点三更"，寥廓的境界中，却和谐地生出精微、清幽的意境，动人心弦，可谓自然神韵，天趣喜人。周笃文评为："天然胜韵，风韵独绝，《丛碧词》中高境。"

张伯驹的这首词，当时就得到了很高的评价，有人赞之为"大有南唐之骨，北宋之神"，是集中极高之作，置之小山词中，"可乱楮叶"。小山即晏几道，晏殊的儿子。晏几道的父亲做过宰相，位重名大，让他反受其累，因此独立特行，所以为世俗所轻而怀才不遇，于是以诗酒消遣。从心境上讲，这一点与张伯驹相似。因此两人的作品有某种共同之处。他的一首《蝶恋花·醉别西楼醒不记》也唱出了张伯驹的心声。难怪有人评价：将张词置于小山词中，几无以辨。这是公允之论。

惜 红 衣①

忆游西湖。和白石韵②

水贴轻云,风熏丽日,暗添吟力。细浪平波,奁函③净澄碧。浓妆淡抹,沉醉得、南来词客。喧寂,秾李冶桃,闹春光消息。

车尘巷陌,倦游归来,征衫酒痕藉。贪欢不恋旧国,隔天北。为想柳边花外,能有几番游历。待甚时重到,轻载一船山色。

[注释]

①惜红衣:词牌名。仄韵格,双片88字,前片五仄韵,后片六仄韵,宜用入声韵。前片结尾句与后片倒数第二句皆用上一下四句法。

②和白石韵:和韵,作旧体诗词方式之一。依照所和诗中的韵作诗或填词,大致有三种方式:依韵,即与被和作品在同一韵中而不必用其原字;次韵,或称步韵,即用其原韵原字,且先后次序都须相同;用韵,即用原诗韵的字而不必依照其次序。白石,即南宋词人姜夔,号白石道人。

③奁函：奁（lián），泛指一种精致的小匣子。函，匣子。奁函，这里形容西湖像一个精致轻巧的匣子。

[赏析]

　　这是一首纪游之词，写出了春日西湖的迷人风光。上片写西湖春景，水碧花红，游人如云，处处都是欢快之象，江南景色跃然纸上。下片是游赏归来，筋疲力竭，但仍是游兴未尽，想象着何时再来西湖。最后一句"轻载一船山色"，堪称奇绝，语词平淡，却词简意丰，不同凡响，"山色"二字，真乃包容万象，将整个西湖风景及游人观赏印象全部容纳其内，令人想象不尽，且可船载，非常形象、奇崛，真是"情余言外，含蓄不尽"。

鹧 鸪 天

过厦门

枕上寒潮断梦残,客愁离绪一番番。语随地换知家远,花盼春留待主还。

山叠叠,水弯弯,海乡风景近南天。小船逐队飞如鸟,细雨声中卖蜜柑。

［赏析］

这是一首旅游中描写厦门风景和民间生活习俗的词。读罢此词,使人感到满纸载的都是欢快。江南景色,海天风情跃然眼前,使人如在诗情画意之中,心情为之一爽。这首词音律和美,节奏轻快自然,充分显示了作者句法活泼、清丽流畅的风格,语言明白如话,不加雕琢。

"山叠叠,水弯弯",叠词的运用极具音韵美。这首词是张伯驹婉约词的代表作,突出的特色就是音律谐美。张伯驹精通音律,词中充满音乐的律动感和精美的灵性,是其词深厚婉丽的根本要素之一,也是词作为韵文文体不可或缺的。

鹧鸪天

灌县①

今古浮云玉垒关,天开形胜锁丸函。一声羌笛②愁杨柳,三月山城卖牡丹。

峰积雪,水翻澜,地通西域近番蛮③。平原望里东南尽,两派江流下锦官④。

[注释]

①灌县:地名,在四川省,成都西北,紧靠都江堰。

②羌笛:羌人的笛声;羌,边疆少数民族之一。人们把羌笛当作离别愁怨的代词,王之涣《凉州词》:"羌笛何须怨杨柳,春风不度玉门关。"

③番蛮:番,泛指少数民族的居地偏远。蛮,旧时用以泛指四方的少数民族。

④锦官:四川成都的别称。

[赏析]

　　这是一首纪游词，是写灌县山城的形胜、风景和民俗风情的。上片写灌县地形的高耸险要，同时也显得荒凉，然而有趣的是富丽华贵的牡丹却在这里早早开花，令人惊喜。下片写山城的位置，西邻西域，山高万丈，峰峦重重，东望则是平原万里，江流直通成都。此词韵律和美，朗朗上口，绘景如画，令人心旌摇荡。

谒金门①

春夜悄,青草地塘蛙闹。日久离家归梦少,睡来还盼晓。

一晌弄晴天好,碧柳丝丝轻袅②。满地胭脂红不扫,落花人起早。

[注释]

①谒金门:词牌名,又名《空相忆》《出塞》等。双调45字,仄韵。
②袅(niǎo):细长柔软的东西随风摆动的样子。

[赏析]

这是一首写景抒情的小令。作者于春日旅游途中,一夜思乡未眠,拂晓起来,看到美好的春光,抑制不住喜悦的心情。词风轻灵、欢快,语言活泼直露,摇动人心。

金缕曲[①]

题《寒云[②]词》后

　　一刹成尘土。忍回头、红毹[③]白雪,同场歌舞。明月不堪思故国,满眼风花无主。听哀笛、声声凄楚。铜雀春深销霸气[④],算空余、入洛陈王赋[⑤]。忆属酒,对眉妩。

　　江山依旧无今古。看当日、君家厮养,尽成龙虎[⑥],歌哭王孙寻常事,芳草天涯歧路。漫托意、过船商贾。何逊[⑦]白头飘零久,问韩陵、片石[⑧]谁堪语。争禁得,泪如雨。

[注释]

　①金缕曲:词牌名,即《贺新郎》,双调160字,仄韵,用入声韵的音节尤高亢。

　②寒云:袁克文(1890—1931),字豹岑,号寒云,袁世凯次子。常以三国曹子建自喻,人称"袁门子建",才华横溢,放浪不羁,精通书

法绘画，喜爱诗词戏剧，还是京剧昆曲票友。

③红氍：毛织的地毯，红氍，借指戏剧舞台。

④铜雀春深销霸气：铜雀台，210年（建安十五年），曹操击败袁绍，并北征乌桓，平定北方，于是在邺建都，与漳河畔修建铜雀台，然后曹植作《铜雀台赋》，铜雀台是曹操功业的象征。

⑤陈王赋：曹植（192-232），三国魏诗人，字子建，曹操第三子，封陈王，世称陈思王。曹丕、曹睿相继为帝，遭受猜忌，郁郁而死。

⑥君家厮养，尽成龙虎：指袁世凯当年培养的部下，袁世凯称帝后也纷纷反袁。

⑦何逊：（？—约518），南朝梁诗人，今山东郯城人。曾作诗《扬州早梅》，后以"何逊扬州"的典故来表达对梅花感伤。

⑧韩陵、片石：韩陵山有座韩陵碑，上面的文章文采飞扬，所以就说其片石也是宝贝，用以比喻文章写得好。韩陵山在河南安阳东。典出唐《朝野佥载》第六卷："庾信曰：惟有韩陵山一片石堪共语。"此典在此借喻袁寒云的文采。

[赏析]

此词是为悼念袁寒云而作。上片用曹植典故以喻袁寒云堪比曹植文采，并暗喻二人命运亦颇为相似。袁寒云在袁世凯称帝失败去世后处境悲凉，十分落魄，曾靠典当和卖字为生；下片又用何逊和韩陵片石的典故称赞袁寒云的文采，叹息袁寒云的不幸去世。此词用典故较多，但运用贴切，能够给人更多的联想。

此词读来跌宕起伏，基调沉痛凄楚，用语含蓄，很少直白表露，具有扣人心弦的艺术魅力。

浣 溪 沙

渝州①春阴

客里芳春已半休,冻桐时节似凉秋。恼人天气在渝州。花片散为千点泪,雨丝织得几多愁。半江烟水上层楼。

[注释]

①渝州:即重庆。

[赏析]

这是一首纪游词。上片写重庆春阴冷似凉秋,十分恼人,下片写阴雨景色,撩起旅人的愁绪。然而,即使是在愁情里,词人发现的仍然是忧郁的美丽:花片滴泪,雨丝织愁。全词语辞清丽婉雅,情意缠绵,真挚而不媚软,柔情中含雄放之气,写景抒情浑然一体,其韵味沁人心脾。

临 江 仙

游西湖,遇雨,避一别墅亭中,先有一人携丽于雨中吹笛,情景如画,词以记之

垂柳阴阴雾锁,湖天漠漠烟笼。胭脂染透小桃红。鱼儿三尺水,燕子一帘风。

亭榭谁家寂寂,楼台到处重重。一声玉笛破空濛。山光微雨外,人影落花中。

[赏析]

这是一首写微雨中西湖风景的词。上片写远望西湖湖面,细雨霏霏,烟笼雾绕,似乎有些灰暗迷蒙的压抑之感。然而,凄暗的景色中闪出一树好像胭脂染透的桃花,使人精神为之一振,兴奋不已。"鱼儿三尺水,燕子一帘风",静中有动,更使沉闷的风景活泼起来,有了生气,有了灵气。语言自然轻灵,鱼儿遇水则鲜活灵动,燕子受风则更显轻盈。下片写岸上,笔法同上,烟雨中的重重楼台似乎格外寂寞,然而一曲清悠婉转的笛声,平添了无限情趣,更何况是一位美丽的少

女，在桃花的映衬下，笛声悠扬多情，更显得楚楚动人。其韵味沁人心脾，真是情景如画，令人心驰神迷。特别是"一声玉笛破空濛"中的"破"字用得妙，声音本诉诸听觉，而空濛则是景物给人的视觉印象，但由于玉笛具有穿透性的音质，即给空濛的景色平添了一抹亮色，将沉寂的景物带活了。张伯驹在《丛碧词话》中曾说"余以为诗词用字，往往妙在无理难解，只可以意会之。"全词清婉圆转，妙在点睛之笔，语不在多，而情却无穷。总之，描绘风景和愉悦的心情，构成了作者这首词及其他描绘风景的旅游词的基调。

惜 黄 花①

中秋后四夕,圆月渐缺,节序暗移,与正刚、敏庵②夜饮,赋此

丹枫霜染,黄花金绽。倚朱楼,近残秋、夕阳庭院。
歌罢断魂惊,酒入回肠转。况又是、月明还满。

星稀云淡,露华向晚。下帘钩,背灯愁,夜阑人散。
心事自家知,醉也谁来管。恨未有、玉笙传怨。

[注释]

①惜黄花:词牌名。
②正刚、敏庵:正刚即孙正刚(1919—1980),天津人,词学家;敏庵,即周汝昌。

[赏析]

这首词是表达与朋友欢聚之后的伤感和思念之情的。上片写的是夜饮的时间,中秋之后,已近残秋的夜晚,自然会引起作者的无限感伤。下片写夜阑人散之后的惆怅和失落,写得缠绵悱恻,回肠百转,情真意切。全词寓情于景,语言哀愁平易。

清 平 乐①

楼高人远,寂寞闲庭院。独倚阑干②情缱绻③,心比游丝④还乱。

天涯草长花飞,帘前燕语莺啼。日日翻多愁恨,不如早送春归。

[注释]

①清平乐:词牌名,又名《忆萝月》《醉东风》等。双调46字。上阕押仄韵,下阕换平韵。

②阑干:同栏杆。

③缱绻(qiǎn quǎn):情意缠绵、深厚,有固结不解之意。

④游丝:多为暮春时节,浮在空中的絮状物,在古诗中,游丝,标志着春光的消逝,是离情愁绪的象征。

[赏析]

此词为惜春抒怀之作。上片写作者于高楼之上,依栏远望,春色将尽,心情为之而惆怅、烦乱。下片具体写远景草长花飞,近景燕语莺啼，一派欣欣向荣的春光景象，无奈这样的季节就要逝去，因而愁情顿生，深长难禁。与其如此，不如让春天早早归去吧，免得人触景生情。

　　惜春、春愁，是古诗词中普遍的题材和情绪，多表露出惜春、留春的感伤情怀，而在这首词里，作者则一反前人情调，表现出乐观、爽快的精神状态。"不如早送春归"，既然留春不住，不如让它早早归去，让那火热、旺盛的夏季来临吧，何苦让它迟迟归去而日日惹人怅恨呢！作者的这一情感，令人感到新鲜、振奋，一扫愁情，富有新意，是很难能可贵的。全词用语婉丽，通俗流畅，自然动人，情感沉郁，但胸怀豁达。

清 平 乐

诸暨至金华道中

酒痕诗意,梦里都难记。帽影红尘摇玉辔①,马上春风如醉。

李花开后桃花,送人直到金华。但愿年年花好,不妨人在天涯。

[注释]

①辔(pèi):缰绳。《诗·郑风·大叔于田》:"执辔如组,两骖如舞。"

[赏析]

这是词人旅游途中触景生情填的一首词,抒写了词人在大好春光里一路愉悦的心情,已忘记了疲劳,而甘愿沉醉在远离故乡的天涯旅途中。全词婉雅纤丽,辞雅意佳。

望 海 潮①

青岛台风过后观潮

鲸波吞日,蛟②涎吹雾,滔天势欲横流。鼍③鼓地摇,神旗电闪,萧萧万马惊秋。飞雨卷齐州④。看黑风水立,白浪山浮。海表苍茫,微身一粟梦蜉蝣⑤。

扶阑放眼登楼。纵银河倒泻,不浣⑥清愁。归思箭端,雄心弩末,千斤难射潮头。好待霁⑦光收。又分离断雁,来去闲鸥。检点囊中,半残图稿画沧州。

[注释]

①望海潮:词牌名,调见宋柳永《乐章集》。据梅禹金《青泥莲花记》载,柳永与孙何为布衣交,后何官杭州,门禁森严,永不得见。遂于中秋夜使歌妓楚楚唱此词于何前,何遂迎永入内。双调107字,平韵。

②蛟:古代传说中兴风作浪、能发洪水的龙。

③鼍(tuó):动物名。亦称扬子鳄,皮可张鼓。

④齐州:山东古时曾称齐,齐州在这里代指青岛。

⑤蜉蝣:昆虫,在水面飞行。

⑥浣(huàn)：洗。
⑦霁(jì)：雨雪停止，天放晴。

[赏析]

　　这首词描写了海潮涌起时雄伟壮阔的景象。作者以豪放的气魄和雄健的笔力，铺张扬厉地描绘了青岛海潮在台风过后的奇险景象，令人惊心动魄。大量使用对偶句是此词的一个特点，仅四字一句的对语就有四对。头六句中，前后三句各为一联，也是对称的。这是所谓赋体的笔法。这种结构最宜铺叙渲染，在表现大海海潮的壮观上有淋漓尽致的艺术效果。

　　上片头三句就以阔大的气势，生动、形象的语言，笼罩全篇，连同下面紧紧相连的三句，形成对偶句式，更以排山倒海的力量，气壮山河、整齐有力的语言展示出海潮的气势。接下来，作者以"微身一粟"之渺小来同苍茫的大海相比照，即景抒情，引发深沉的人生慨叹。

　　下片分两层，前六句为一层，进一步抒发作者的感情，就是在经历了如此的奇险遭遇之后，归心似箭，愁绪万端。以下五句为一层，描写惊涛骇浪过后的风平浪静，闲鸥来去，这种美好闲逸的景象和前面的险恶气势形成对比和呼应，又表现出作者惊心动魄之后的平静乐观，极富情趣，展示了作者的胸襟和感情的丰富、洒脱。给人以内容不同但同样是美的享受，使人在修养和审美方面都得到提高。

　　这首词同柳永的《望海潮》相比，有许多相似之处，如四字一句的对语的运用，头六句中，前后三句的对称等，但作者有学习、有突破，不是生硬的模仿，有自己的创造。在风格上，又近似苏轼的《念奴娇·赤壁怀古》，同为豪放之作，全词气象磅礴，格调雄浑，笔力遒劲，不愧为作者豪放风格的名篇。

解放军空军工程大学教授姚平先生称赞这首词"遣词用句,惊神泣鬼,东坡、稼轩也不过如此。由此可见,婉约与豪放之间,并没有不可逾越的鸿沟"。

玉 楼 春①

和稼庵韵②

天涯三月伤春惯,春色恼人还要看。柳丝乱似未梳头,梨蕊淡如初洗面。

芳菲几日成衰晚,红紫纷纷深更浅。今年花落有明年,雨妒风狂休去管。

[注释]

①玉楼春:词牌名。又名《木兰花》《西湖曲》等,双调七言八句56字,仄韵。

②稼庵:赵士冕,号稼庵,清初人,著有《稼庵近草》《吴越吟》《三山草》等;又一说为近现代人,谢良佐,号稼庵,河北武清人,曾于张伯驹编《春游琐谈》一书中发表文章,为伯驹友人。

[赏析]

这是一首写景抒情的词。柳絮飘拂,梨花惹人,春色喜人,但芳菲几日就要衰残,岂不令人惋惜、伤感,因而"恼人"。一个"恼"字,用得极为生动、恰切,把作者那种矛盾的心态刻画得逼真动人。全词的新意在结尾,"今年花落有明年,雨妒风狂休去管",一反古人伤春的消极悲观,表现出作者乐观豁达的人生态度。

全词语言平易自然,绝无斧凿痕迹,音韵轻婉回环,令人心旌摇荡,充满了音乐的律动感,像一曲优美、情韵兼胜的乐章,让人回味无穷。

人 月 圆①

中秋无月

连朝风雨无凭准,天意未教晴。良宵虽负,却宜作客,不动乡情。

循环一理,盈还又缺,缺又还盈。暂时韬②彩,浮云散去,何碍光明。

[注释]

①人月圆:词牌名。始创于宋王诜,因其词中有"人月圆时"句,故名。又名《青衫湿》,双调48字,有平韵、仄韵两体。

②韬(tāo):隐藏,隐蔽。

[赏析]

这是一首很特别的咏月词。古时的中秋咏月诗词,大都咏叹中秋时节清辉千里的明月,或抒发思乡情怀,或寄托团聚之意、相思之情,或倾诉离散之苦、分居之哀,大多写得辞艳意婉,凄怨悱恻。而这首词则是因无月而咏月的词,妙在反悲为乐。因为无月,就没有了能触景而生的思乡之情,也少了愁苦,岂不妙哉!更有意义的是,此词充满了辩证法和人生哲理,和苏轼的"人有悲欢离合,月有阴晴圆缺"是一个意思。"浮云散去,何碍光明"更是一种鼓励人生的箴言,既揭示了一个自然的规律、人生的规律,又给人以力量和信心,充分显示了作者对于自然万物的达观情怀。

摸 鱼 儿①

同南田登万寿山②

试登临、秋怀飘渺,长空澄澈如浣。关河③迢递人千里,目断数行新雁。杨柳岸,犹瘦曳烟丝,似诉闲愁怨。天低水远。正黄叶纷纷,白芦瑟瑟,一片斜阳晚。

空怀感,到处离宫荒馆,消歇燕娇莺婉。旧时翠辇④经行处,惟有碧苔苍藓。君不见,残弈局、频年几度沧桑换。兴亡满眼。只山色余青,湖光剩绿,待付谁家管。

[注释]

①摸鱼儿:唐教坊曲名,后用为词牌。又名《摸鱼子》《买陂塘》《陂塘柳》等。双调106字,仄韵。

②万寿山:在颐和园内,海拔108.94米,前临昆明湖。万寿山前山,以八面三层四重檐的佛香阁为中心,组成巨大的主体建筑群,从山脚的"云辉玉宇"牌楼,经排云门、二宫门、排云殿、德辉殿、佛香阁,直至

山顶的智慧海，形成一条层层上升的中轴线。后山有宏丽的藏传佛教建筑四大部洲和屹立于绿树丛中的五彩琉璃多宝塔。山上还有景福阁、重翠亭、写秋轩、画中游等楼台亭阁。登临时，可俯瞰颐和园及昆明湖上的景色。

③关河：关，要塞，出入的要道，此处泛指山关。关河，即山河之意。

④翠辇（niǎn）：特指君后所乘的车，如帝辇、凤辇等。翠辇，指帝王和王后的华丽的车辇。

[赏析]

　　这是一首登临怀古词。上片以写景为主，作者与友人在深秋时节登上万寿山，极目望去，长空清澈如洗，山河冷落，黄叶纷纷飘落，芦苇瑟瑟，一派萧条、令人悲伤的景象，这是远景。实际上也是暗示着当时全国陷于内战，烽烟四起，山河破败，民生维艰的凄惨局面。下片是作者俯瞰颐和园的近景，颐和园内昔日帝王嬉戏游乐的景象一去不返，最后一个封建王朝已经灭亡，颐和园仅剩下离宫荒馆，昔日车辇往来的路上因人迹稀少，也长了苔藓，处处是寂寞悲凉的气氛。由此引发了作者对于国家兴衰的感叹，"待付谁家管"，展现了作者关心民间疾苦的襟怀和急切盼望战乱平息的心情。国家破败，人民多难，谁能来挽救残局，救人民于水火，使国家重新走上繁荣昌盛之道呢？全词感情深沉，读之有无限苍凉之感。此词写景状物，生动形象，极为鲜明地表现出景物中人的思想情怀。上片笔法壮阔，笔力苍劲，下片则委婉细致，凄哀缠绵。全词以景起兴，以景作结，景中寓情，景黯情深，铺叙有致，层层渐进，清晰有序，气格沉郁忧伤，语言优美清丽而不绮艳，音律谐和，是一首登临感怀的佳作。

如梦令①

寂寞黄昏庭院,软语花阴立遍。湿透凤头鞋,玉露寒侵苔藓。休管,休管,明日天涯人远。

[注释]

①如梦令:词牌名。原名《忆仙姿》,相传为后唐庄宗自制曲,中有"如梦如梦,残月落花烟重"句,后改今名。单调33字,仄韵,又名《宴桃源》。

[赏析]

这是一首描写平常生活中瞬间感受的小令。作者立于黄昏时分,花阴浓郁的静谧庭院,很富有诗意。想想明日就要远游,不禁既兴奋又留恋。"休管,休管",表现了作者既愁乱不安而又欢快果敢的心情。语言活泼而自然,充分体现了作者"用自然之舌言情,用自然之眼观物,真真切切,感情自然"的创作态度。这首词格高韵远,缠绵秀隽,是作者"情来兴致,更复为词"的果实。

扬 州 慢①

武侯祠②。依白石韵

丞相祠前,锦官③城外,下车拜问前程。尚森森翠柏,映草色青青。似当年、纶巾羽扇④,指挥若定,谁解谈兵。看江流石在,寒滩犹咽孤城⑤。

吕伊伯仲⑥,贯精诚、神鬼堪惊。系一发千钧,三分两代⑦,生死交情。忍诵杜陵诗句⑧,还空听、隔叶鹂声。正中原荆棘,沾襟来吊先生。

[注释]

①扬州慢:词牌名。南宋姜夔自制曲,姜夔路过扬州,有感于被金兵劫掠后的城邑萧条,因制此曲。双调98字,平韵。

②武侯祠:武侯祠位于成都南门武侯祠大街,始建于西晋末年,是纪念三国时期蜀汉丞相诸葛亮的祠堂。

③锦官:即成都。

④纶(guān)巾羽扇:纶巾,青丝头巾。这是写诸葛亮的打扮,手

执羽扇,头着纶巾,从容自若。

⑤孤城:指奉节白帝城,紧靠长江瞿塘峡西口。公元223年,刘备举兵伐吴,兵败退守白帝城,后病死在白帝城。弥留之际,沉痛托孤,嘱咐诸葛亮辅佐后主刘禅。

⑥吕伊伯仲:吕,吕尚;伊,伊尹。伯仲,是兄弟之间顺序的称呼,兄为伯,老二为仲。比喻二者才力相当,不相上下。

⑦三分两代:三分,指魏、蜀、吴三国割据鼎立;两代,指刘备、刘禅父子两代。

⑧杜陵诗句:指杜甫诗《蜀相》,其中有"映阶碧草自春色,隔叶黄鹂空好音"的句子。

[赏析]

这是一首凭吊抒怀的词。这首词用宋代词人姜夔的原韵。作者写这首词时,正是抗日战争时期。作者一度在西南避祸,在成都游武侯祠,不禁触景生情,抒发出无限的感慨。上片描写武侯祠荒凉冷落的景色,直接化用杜甫"锦官城外柏森森。映阶碧草自春色"的诗句,回顾诸葛亮当年雄才大略,指挥若定的形象,表达了对英雄人物的追慕之情。下片进一步写诸葛亮的丰功伟绩和高风亮节,寄托着作者对他的无限崇敬与仰慕之情。结尾由痛惜诸葛亮功业无成,壮志未酬的忧愤,联系到当时日本侵略中国,中原荆棘,山河涂炭的灾难,不禁泪下,抒发出沉痛的情感,呼唤诸葛亮一类的英杰再度出现,以打败日本侵略者,挽救国家于战乱之中。本词结构严谨,情韵悲壮浑劲,多处用典,更显得境界浑厚。

菩萨蛮①

辛巳七夕②寄慧素③

声声何处吹箫管,可怜一曲长生殿④。唱到断肠时,君王也别离。

露零罗扇湿,疑是双星⑤泣。不忍望银河⑥,人间泪更多。

[注释]

①菩萨蛮:唐教坊曲名,后用为词牌。双调44字,前后阕均两仄韵转两平韵。

②七夕:即农历七月初七,称为"鹊桥节"。源自神话故事"牛郎织女",每年七月七日夜,乌鹊于天河之上搭鹊桥,天帝只准此时牛郎织女相会一次。"辛巳"为1941年。

③慧素:即张伯驹夫人潘素。

④长生殿:在骊山华清宫内,天宝元年十月建造。唐玄宗李隆基与杨贵妃常住此避暑。白居易《长恨歌》有"七月七日长生殿,夜半无人私语时"等诗句。

⑤双星：指牵牛星和织女星。

⑥银河：即银河系（此处一般指神话故事中阻隔牛郎织女的"天河"）。

[赏析]

  这是作者在上海滩被绑架关押期间写给妻子潘素的第一首词。作者咏叹唐玄宗和杨贵妃的爱情悲剧及牛郎织女坚贞的爱情，抒发了自己对纯洁爱情的赞美和对人间无数爱情悲剧的叹惋之情。上片写"长生殿"故事，由听到令人悲哀断肠的乐曲之声，联想到"七月七日长生殿，夜半无人私语时"的李杨悲剧，流露出对李杨悲剧的遗憾和同情。下片写自己深夜仰望星空，露湿衣衫，从而想到牛郎织女的传说，进而联想到人间现实生活中的爱情悲剧。此词精美动人处在结尾两句"不忍望银河，人间泪更多"，这是全词的主旨和真情所在。可谓落笔高远，不同常人。前面所有叙述均为引出此情的铺垫。这两句言简意深，给人留下了无限的想象空间，胜似千言万语。此词用典恰切、精到，增大了词的内容和意蕴的含量，全词语言流畅浅显，哀婉动人。词人通过这些口语化的叙述，以眼前具体的景物表现抽象的情绪，情感充沛、强烈、感人。

梦 还 家

自度曲①。难中卧病,见桂花一枝,始知秋深,感赋寄慧素

无人院宇,静阴阴,玉露湿珠树。井梧初黄,庭莎犹绿,乱虫自诉。凉宵剪烛瑶窗,记与伊②人对语。而今只影飘流,念故园,在何处?想他两地两心同。比断雁离鸳,哀鸣浅渚③。

近时但觉衣单,问秋深几许?病中乍见一枝花,不知是泪是雨。昨夜梦里欢娱,恨醒来,却无据。谁知万绪千思,那不眠更苦。又离家渐久还遥,梦也不如不做。

[注释]

①自度曲:为通晓音律的词人自撰歌词,又能自己谱写新的曲调,这就叫"自度曲"。

②伊:你。

③渚：水中间的小块陆地。

[赏析]

　　这首词是作者在上海滩被绑架困居时写给妻子潘素的。上片写深秋的景象，营造了凄凉孤独、悲哀无助的氛围。此词写景细致精工，善于抓住能突出情感的形象和细节，如玉露、井梧、庭莎、乱虫等。下片是触景生情，忆旧而怀今，将悲秋、离愁、相思穿插写来，把夫妻之间的感情表达得深婉执着。

摊破浣溪沙①

相见时难别也难,背人无语怨春残。忍忆旧时回首地,泪偷弹。

眉叶懒描螺黛②浅,鬓云愁映镜花寒。细雨一楼人寂寂,卷珠帘。

[注释]

①摊破浣溪沙:词牌名,此调在五代时为杂言《浣溪沙》之别名,即就《浣溪沙》的上下段中,各增添三个字的结句,成为"七、七、七、三"字格式,故又名"摊破浣溪沙""添字浣溪沙",又名"山花子"。双调48字,平韵。

②螺黛:黛,青黑色的颜料,螺黛引申为妇女眉毛的代称。梁元帝《代旧姬有怨》诗:"怨黛舒还敛,啼红拭复垂。"

[赏析]

这是一首闺怨词,描写一位少女在寂寞的阁楼上为春残伤感,同时,触景生情,更为和恋人的别离而痛苦落泪,以至无心梳洗打扮,害怕照镜子映出自己的愁容。此词写得伤悲缠绵,凄怨自然。

东风第一枝①

和敏庵锦城除夕韵②

爆竹催春,灯花送夕,一家千里孤馆。故乡梦阻关河,异客情分冰炭。牵衣儿女,尚未解、长安縈念。听隔邻、彻夜欢声,争羡酒香炉暖。

雪初霁、梅英照眼。风不冷、柳丝掠面。桃符都换新楣,燕巢还寻旧苑。芙蓉江上,望云树、如遮重幔。想此心、早到京华,飞过水千山万。

[注释]

①东风第一枝:词牌名,双调100字,仄韵。

②敏庵:周汝昌(1918—2012),天津人,字敏庵、玉言。资深红学家,古典诗词研究家。锦城,指成都。周汝昌于1952年被调入华西大学,不久后又调入四川大学外文系。

[赏析]

1952年5月,周汝昌在赴成都山水重重的路上作词寄于张伯驹。1953年年初,张伯驹作此词以和韵周汝昌,体现了两人之间相互思念的深情。

　　上片写除夕夜,遥想成都周汝昌家的情景。这是周汝昌在异乡山水过的第一个春节,人地生疏,一定会感到孤独。下片是遥想成都初春的景象,并想象朋友思念自己的心情已飞过万水千山,飞到自己所居住的北京。

尉迟杯①

伟卿病甚,送其归里。依清真韵

归时路,又日晚、杜宇②啼深树。无边芳草凄迷,绿到天涯何处。东风应恨,吹不散、浓雺③暗南浦④。共销魂、且进离尊,阳关⑤休唱西去。

回首旧梦成尘,犹恋此黄昏,一霎相聚。泪向君前双双落,肠断处、飞花乱舞。如今是、萧条别院,步芳径、斜阳独自语。记当时、剩袂⑥零襟,梦魂空想前侣。

[注释]

①尉迟杯:词牌名,双调105字,仄韵;又一体106字,平韵。
②杜宇:鸟名,即杜鹃,啼声凄苦。
③浓雺:雺,"氛"的异体字。浓雺,雪盛貌。《诗·小雅·节南山》:"上天同云,雨雪雰雰",亦指雾气。
④南浦:屈原《九歌·河伯》:"子交手兮车行,送美人兮南浦。"后

泛指送别之地。

⑤阳关：指王维诗《送元二使安西》，其中有"西出阳关无故人"句。

⑥剩袂（mèi）：袂，袖子。剩袂指离别。

[赏析]

　　此词是伤别之作。上片写离别时的环境，以种种凄迷、悲哀的景象衬托和渲染离情别绪，杜鹃在凄厉地鸣叫，浓雾弥漫，草木青青，一片凄迷，令人伤感。下片写朋友间不忍离别，回忆起旧日情事，无限感慨，唯有仗酒消愁，而分别之后，更是无限的惆怅和不尽的孤独，只有与斜阳自语，而无人可与诉说愁苦，其哀其痛，真是不堪忍受。本词以景物点染和衬托离别情绪，使人如临其境，如感其情。整首词情景兼融，结构卷舒自如，语言风格也近似柳永词《雨霖铃》(寒蝉凄切)。

菩萨蛮

乱红转眼随春去,只余满院黄昏雨。妆罢倚阑干,琵琶和泪弹。

玉颜人易妒,更为多情误。妾命薄如花,愿郎休去家。

[赏析]

这是一首闺怨词,写一妓女悲叹自己的身世和命运。上片写残春时节,风雨飘摇,乱花零落,象征妓女命运如同落花一般,因而触景生情,泪如雨下。下片直接抒情,叹息自己红颜薄命,遭人嫉妒,更怨恨自己多情似痴,反而被浪荡王孙戏弄了感情,终遭抛弃,耽误了青春。这首词同唐宋词《望江南》意思基本相同:"莫攀我,攀我心太偏,我是曲江临池柳,这人折了那人攀,恩爱一时间。"此词即景生情,无一字一句之雕琢,纯是自然流露,沉痛感人。

浣溪沙

秋 意

黯淡云山展画叉,笛声楼外雁行斜。镜中容易换年华。
庭际渐衰书带草,墙阴初放玉簪花。西风昨夜梦还家。

秋 梦

砧杵声声万里思,西堂虫语沸如丝。轻随落叶只灯知。
偏是乡遥嫌夜短,多因醒早恨眠迟。刀环盼寄总成痴。

秋 心

孤客沉吟意暗伤,春人憔悴况冬郎。客中偏是觉秋长。
碎绿蕉声摇夜雨,怨红草色送斜阳。眼前愁绪太凄凉。

秋　声

听到无声更可怜,长宵未许教人眠。客魂销尽一灯前。
风栎怕惊愁里梦,霜钟欲破定中禅。开门只见月当天。

秋　影

霜鬓萧萧独倚阑,帘波掩映夕阳前。西风相对总无言。
一叶梧飘穿月破,数行雁过印江寒。画桡不点镜中天。

秋　痕

新月掐成爪样钱,海棠红湿泪阑干。眉峰暗锁小屏闲。
凋碧欲迷烟外路,残青难画雨中山。看来都在有无间。

[赏析]

　　这是一组写景抒情词,共六首。从这六首词中,我们已可领略张伯驹小词的风致。秋意、秋梦、秋心、秋声、秋影、秋痕之题,意义素雅、含蓄、清澈、迷离动人。特别是"秋影"一首,上片写作者于夕阳斜照，波光粼粼，西风瑟瑟之时，独倚栏杆遥望秋色的情景，已有诗情画意；下片写景更是清寂冷隽，"一叶梧飘穿月破，数行雁过印江寒"，对仗何其精工，意境何其美妙、迷幻。此情此景，似有似无，瞬间即逝，却又令人神思难忘。此两句道尽秋色之无穷韵味，耐人寻味、叹赏，而又难以形诸语言。全词瘦削雅素，洗练隽丽，真是大家手笔，体察入微，达到了炉火纯青、出神入化的境地。其他几首，也都多有风致，其意境都在五代宋初之间。冯其庸先生对这几首词非常欣赏，说若将它们"置之古人集中，何用多让"，又说："论气质和境界，我认为只有后主、小山、道君、纳兰、梁汾可以气脉相通。"

长亭怨①

重九西山看红叶寄南田②

扫残叶、西风门掩。犹记春时，海棠开宴，烛照红妆，夜深花睡影零乱。回思前梦，空陈迹，成秋苑。酒醒雁声沉。问唤起、离愁何限。

凄黯，只知佳节近，不道看花人远。茱萸③插帽，纵风雨、登高还懒。最怕是、旧地重游，又尘浣、青衫泪满。对十里霜红，独向斜阳留恋。

[赏析]

①长亭怨：长亭怨慢，词牌名，又名"长亭怨"。双调97字，前后段各9句，五仄韵，另有双调97字，前段9句六仄韵，后段9句五仄韵等变体。

②南田：作者友人，生平不详。

③茱萸：一种常绿带香的植物，又名"越椒"。佩茱萸，中国岁时风俗之一。在农历九月九日重阳节时爬山登高，臂上佩戴插着茱萸的布袋，

或插在头上。

[赏析]

　　这首词表达了重阳节时对友人的思念，开篇即写西山看红叶归来打扫庭院残叶，景色冷清凄凉，加重了重阳思亲的心绪，接下来却笔锋一转，回忆春日花开时节的美景，和眼前清冷孤寂的境况形成鲜明对比，更增加了眼前的愁绪。下片以红叶斜阳之景作结，以景喻情，余味深沉。

　　这首体现了张伯驹除多写活泼轻快、工巧流丽的小令之外，也善写曲折蕴藉的慢词，语言曲折深婉。本首词即为作者以凄凉悲惋的心境去回忆那些美好的往事。用一种愁苦无奈的目光注视眼前的现实，而语言、情感则恻恻柔婉。这是张伯驹早年的作品，尚有学习、模仿唐宋词风的痕迹，如"登高还懒"一句，即直接引用了宋词人王沂孙《醉蓬莱·归故山》之句："扫西风门径，黄叶凋零，白云萧散。柳换枯阴，赋归来何晚。爽气霏霏，翠蛾眉妩，聊慰登临眼。故国如尘，故人如梦，登高还懒……"

高阳台^①

西湖春感

万绿凝烟,千红泣雨,我来春已堪怜。楼外阴阴,倚阑莫卷帘看。裙腰不见当时路,最伤心、苏小坟^②前。雨缠绵,春去无声,花落无言。

明朝酒醒逢寒食,怅客中风月,劫后湖山。柳下笙歌,销魂第六桥^③边。旧时燕子犹相识,又双双、飞上湖船。莫留连,处处啼莺,处处啼鹃。

[注释]

①高阳台:词牌名,又名《庆春泽慢》。双调100字,平韵。

②苏小坟:苏小小,南朝齐时的钱塘歌妓,貌美,有才,而且没有风尘中人不可免的世俗气,是一位平生只对才子加以青眼的奇女子。清代大诗人袁枚曾记述了她的一个故事:"余戏刻一私印,用唐人'钱塘苏小是乡亲'之句。某尚书过金陵,索余诗册,余一时率意用之,尚书大加诃责。余初犹逊谢,既而责之不休。余正色曰:'公以为此印不伦耶?在今日观,自然公官一品,苏小贱矣。诚恐百年以后,人但知有苏小,

不复知有公也.'一座鞭(chǎn)笑貌然。"苏小小死后,葬在西湖西泠桥头。

③第六桥:苏堤上的六座拱桥,自南向北依次名为映波、锁澜、望山、压堤、东浦、跨虹。

[赏析]

　　这是一首伤春怀人词,抒发了对奇女子苏小小的同情和叹惋之情。全词着重描绘了西湖残春时节雨飘花落的凄凉景色,更衬托了伤感苏小小命运的心情。这首词佳句甚多,"明朝酒醒逢寒食,怅客中风月,劫后湖山。"化用柳永"今宵酒醒何处?杨柳岸,晓风残月";"旧时燕子犹相似"化用晏殊"似曾相识燕归来",毫无痕迹。苏小墓、第六桥等西湖的名胜皆入词,欣赏更兼凭吊,回味无穷。词写得凄美缠绵,情感真挚。"处处啼莺,处处啼鹃。"回环往复,以诚挚深婉的抒写打动人心,更增深沉之意味。

虞 美 人①

十一月下旬，雪，接慧素信，词以寄之

野梅做蕊残冬近，归去无音信。北风摇梦客思家，又见雪花飘落似杨花。

乡书昨日传鱼素，多少伤心语。枕头斜倚到天明，一夜烛灰成泪泪成冰。

[注释]

①虞美人：词牌名，取名于项羽宠姬虞美人。又名《一江春水》《玉壶冰》等。双调56字，上下阕均两仄韵转两平韵。

[赏析]

这是一首张伯驹被绑架关押时写给妻子潘素的词。词的大意是：从春天被绑架，囚到了这年的初冬，眼看天寒降雪，仍然"归去无音信"。这时候接到爱人的信，激起绵绵不尽的思念和伤感之情。上片写作者身在异乡、客居囚室，见雪花飘落，野梅开放而引起思乡悲愁的情绪,下片写接到妻子书信,更加伤情的情景。此词写景、抒情,形象动人,如"雪花飘落似杨花""烛灰成泪泪成冰",优美逼真,栩栩如生。本词情感真挚,语调自然活泼,凄哀清婉,颇近李煜词风。

扬 州 慢

题杜牧之赠张好好诗墨迹卷

秋碧传真,戏鸿留影,黛螺写出温柔。喜珊瑚网得,算筑屋难酬。早惊见、人间尤物,洛阳重遇,遮面还羞。等天涯迟暮,琵琶溢浦江头。

盛元法曲,记当时、诗酒狂游。想落魄江湖,三生薄幸,一段风流。我亦五陵年少,如今是、梦醒青楼。奈腰缠输尽,空思骑鹤扬州。

[赏析]

1950年,张伯驹以五千余元收得唐代诗人杜牧的《张好好诗》卷,为此,填写了这首《扬州慢》,也借题发挥,写出了他自己怀伤感逝的心迹。

词意从杜牧的书法写起,"秋碧"指秋天的澄碧晴空,"戏鸿"即"飞鸿戏海","黛螺"是美人画眉的隐喻。以这些意象,表示墨迹的意气澄澹、飘逸和温丽。但也有人解释说,词的开头是说在明清两朝,董其昌已将《张好好诗》卷刻入《戏鸿堂法帖》,然后又刻入《秋碧堂法帖》,说明杜牧法书的珍贵。接着写自己获得这一宝物的感受,"珊瑚网"喻搜罗珠宝之不易,"筑屋"暗含"金屋藏娇"之意,终于得手的喜悦心情跃然于词句中。"人间尤物"指才色俱佳的张好好。从"惊见"到"重遇"略述杜牧故事,接着联想到白居易《琵琶行》,"溢浦江头"即是白居易诗中的溢浦口、浔阳江头。

词的下片,是词人回首自身的经历和感怀。张伯驹想起自己青年时代,也曾经"诗酒狂游",也曾有"一段风流",到头来也便如杜牧一样,只留得"青楼薄幸名"了,落寞和悲凉感浮上心头。"奈腰缠输尽"是全词的"眼",百感千绪都凝结在"输尽"二字上。他感慨一生输尽的,主要不是指钱财,却也包含着经济上也由富而贫,当他购买《张好好诗》卷之时,将五千余金慷慨掷出,已囊空如洗了。

词人黄君坦曾评此词:"风流自赏,有江湖载酒之感,非他人所可效颦也。"

金 缕 曲

题《庚寅词集图》

金粉南唐绪①。十年来、延秋衣钵,展春②旗鼓。多少缠绵兰荃意,半是伤心泪语。怜我辈、情怀最苦。到死春蚕丝方尽,枉雕琼镂玉终何补。长更是,招人妒。

江山几换谁为主。但满眼、粘天芳草,飞花飘絮。看遍人间兴亡事,惟有啼莺解诉。算身世、斜阳今古。真幻难明氍毹③梦,破樱桃、生怕歌樊素④。只风月,还如故。

[注释]

①金粉南唐绪:南唐为五代十国之一,后为北宋所灭。南唐中主李璟、后主李煜,均以填词著称,风致凄丽,故称"金粉南唐"。

②展春:张伯驹购得《游春图》后,自号"春游主人",1950年集词友结社,名之为"展春词社"。

③氍毹(qú shū):毛织的地毯,借指舞台。

④樊素：唐代白居易的歌妓。

[赏析]

词人一开笔就想到南唐后主，便决定了全词以感叹兴亡、伤悲身世为基调。"十年来"是个约数，是从他上海落难、回到北京时说起，这正是改朝换代、社会激变的时期。"怜我辈、情怀最苦"，不仅指自己，也由己及人，包括了词社的同人，也代表了当年的许多知识分子，这些人总是怀抱着善良美好的愿望，所谓"缠绵兰荃意""雕琼镂玉"，就是仍然沉浸在吟诗填词，雕琢美好文章的文化生活中，而对于革命和政治斗争的疾风暴雨，总是难以适应。所以在改天换地的变革中，感到"半是伤心泪语"。

词的下片，直接道出了"江山几换谁为主""看遍人间兴亡事"。他们还不习惯新社会的新生活、新风俗、新文化，面对时代的变革、朝代的兴替，他们感到"满眼、粘天芳草，飞花飘絮"。"真幻难明氍毹梦"，词人感到世事变化如似唱戏，如似梦幻。樊素，是唐代白居易的歌妓。词人"生怕歌樊素"，是因为想起过去贵族公子歌舞逍遥的生活，便会有伤感情绪，所以不愿再触动回忆。"只风月，还如故"，整个社会发生了预想不到的彻底变化，现在只剩下风和月还是原来的样子。

这首词反映了词人在这一时期的思想情绪，但在后来的年月里，作者还是采取了积极的行动，努力融入新的社会。

人 月 圆

余居郊墅四度中秋，癸巳园易主，中秋夕居城，适济南关友声君来，小酌同赏月，因赋

百年几换楼台主，明月自团圆。清辉到处，千门万户，不问谁边。

思家张翰①，无家张俭②，等是痴颠。但能有酒，又能有客，同赏同欢。

[注释]

①张翰：南朝人，字季鹰，有清才，善文章，性格纵任不拘，在官任上忽见秋风起，思念家乡的蔬菜汤和鲈鱼羹的美味，因此弃官而去。
②张俭：后汉人，为官正直，因遭受诬陷而逃亡，窘迫之中，见门就进，就住，因人们看重他的人品名声，无论到谁家都肯容留他。

[赏析]

这首词写于词人从京西移至城里后海南沿居住之时，过着澹然悠

闲的日子，一天友人来访，共赏明月，他即兴填了这首词。在词中，他借两个古人的故事，寄托他的情怀。词中可以看出，他的心态是平静的、疏放的，追慕着一种淡泊世事的自由人生，词风清淡、朴实，令人玩味。

鹧鸪天

春感

小巷垂杨日闭门，恹恹情绪独黄昏。新春纵有重三月，旧侣曾无一两人。

歌歇拍，酒空尊，落花都化梦如尘。莫愁魂为啼鹃断，不待鹃啼也断魂。

[赏析]

这是一首伤春词，满纸伤春情绪。"新春纵有重三月"，指1955年，这一年农历闰三月。

词人一生的文化艺术嗜好，一是倚声填词，二是氍毹戏文，三是书画鉴赏和文物收藏。而这些活动，被认为是"旧文化"，是不受欢迎的，而当时批判胡风，批判俞平伯等，都与词人的思想感情有很大的距离，为词人所不理解，便产生了失落和苦闷情绪，这也是一个从旧时代走过来的知识分子的自然心态。近乎直白和倾诉，音韵流畅、婉转。这首词反映的心态还是十分逼真和生动的。

第 二 辑

选自《春游词》

余昔因隋展子虔《游春图》，自号"春游主人"，集词友结"展春词社"。晚岁于役长春，更作《春游琐谈》《春游词》，乃知余一生半在春游中，何巧合耶！词人先我而来者，有道君皇帝、吴汉槎。穷边绝塞，地有山川，时无春夏。恨士流人，易生离别之思，友情之感，亦有助于词境。彼者或生还，或死而未归，余则无可无不可。沧桑陵谷，世换而境迁，情同而事异。人生如梦，大地皆春，人人皆在梦中，皆在游中，无分尔我，何问主客，以是为词，随其自然而已。万物逆旅，尽作如是观。

——张伯驹

浣 溪 沙

将有鸡塞①之行，题《秋风别意图》

其 一

野草闲花半夕阳，旧时人散郁金堂②。如今只剩燕双双。
明月仍留桃叶渡③，春风不过牡丹江。夜来有梦怕还乡。

其 二

马后马前判暖寒，一重关似百重关。雪花飞不到长安。
极目塞榆连渤海，回头亭杏望燕山。归心争羡雁先还。

其 三

自把金尊劝酒频,骊歌一曲镇销魂。回思万事乱纷纷。
镜里相看仍故我,人间那信有长春。柳绵如雪对朝云。

其 四

时盼南云到雁鸿,还将离恨寄重重。孟婆④何日转东风。
万里边关鸡塞远,百年世事蜃楼空。天涯人影月明中。

[注释]

①鸡塞:即鸡鹿塞,《汉书·匈奴传》中有"送单于出朔方鸡鹿塞"句,在这里泛指东北边关。

②郁金堂:泛指女子芳香高雅的居室。唐沈佺期《古意》:"卢家少妇郁金堂,海燕双栖玳瑁梁。"

③桃叶渡:桃叶渡为南京古名胜之一,金陵四十八景之列。位于十里秦淮与古青溪水道合流处附近。桃叶、桃根姊妹俩皆为书法家王献之小妾。王献之当年曾在此迎接过爱妾桃叶,古渡口由此得名。

④孟婆:常住地狱的奈何桥边,掌管人间的生死。

[赏析]

张伯驹先生被打成"右派"后的1961年10月,随妻子潘素赴东北。然此次离京远赴北国,实为万不得已之事。于是,出关之前,就《秋风别意图》的画意，抒发自己出塞前的悲伤："旧时人散郁金堂。如今只剩燕双双""春风不过牡丹江。夜来有梦怕还乡""时盼南云到雁鸿，还将离恨寄重重"。这四首词，词意黯淡惨伤，足见他出关时的心情。特别是"其二"一首，上片句句都有双关含义。"马后马前"明指远行的路途，暗指他因《马思远》一戏遭难的前前后后；"一重关"明指过"山海关"，暗指过政治运动关的种种不测，好似"百重关"；"雪花"句明写吉林的雪花飞不到北京，暗指自己蒙冤而不能昭雪。下片眺望榆关，回想京华。为何刚刚离京，就那样归心似箭，羡慕大雁先还呢？可知他人去心不去，为保护传统文化而遭到打击，心中不服，郁气难平。带着不白之冤离开北京，他是不甘心的，这种有志不能申的幽怨情怀，在那个时代的知识分子中，可以说是具有代表性的。

这四首词风格凄恻伤感，语句饱含沉郁哀伤的感情，富有感染力，余韵悠然。

金 缕 曲

甲辰重九。和刘后村①

风雨关山黑,莽苍苍、平沙云卷,层林烟织。极目东西千万里,谁道天涯咫尺。看寥阔、穷边秋色。白发征衣新旧泪,挽江流、并向深杯滴。拈破帽,觅陈迹。

登高作赋空余笔,笑浮生、剩絃膠柱②,滥竽弹瑟。衰病又逢佳节至③,长恨百年为客。凭雁字、愁怀写出。纵有白衣来送酒④,奈东篱⑤、人去黄花寂。霸气肃,日光匿。

[注释]

①刘后村:刘克庄(1187—1269),字潜夫,号后村,福建莆田市人,南宋豪放派诗人。

②剩絃膠柱:胶柱鼓瑟,用胶把柱粘住以后,音调就无从调节。比喻处理事情不知变通,固执拘泥。

③衰病又逢佳节至:此句化用了杜甫"万里悲秋常作客,百年多病

独登台"诗句。

④东篱：语出陶渊明《饮酒》诗："采菊东篱下，悠然见南山。"因此"东篱"指的是种菊花的地方。

⑤白衣来送酒：后晋时期，彭泽令陶潜看不惯官场黑暗，辞官归隐，有一年重阳节，因家贫设酒喝，心情烦闷，忽见一个穿白衣的人说奉江州刺史王弘之命前来送酒。陶心中大喜，后来就用"白衣送酒"指朋友正好送来你所渴望的东西。

[赏析]

此词作于1964年重阳节，正是词人在长春工作时期所作。秋的意象正与中国文人悲秋而感叹人生的落寞心态相契合。重阳更易生别离思亲之感，因而作者此时登山远望。自然唤起异乡羁旅，风雨飘摇之感。张伯驹此词与杜甫之沧桑心态恰合，便生出年老穷途，与肃杀秋色寓意一样的感叹，最后又用"白衣送酒"的典故感叹自己纵使命运改变，也可惜已经年老，如菊花零落，风光不再。

浣 溪 沙

花朝①前一日,题自画梅花

省识前身玉女魂,偶然迁谪下凡尘。群芳尽是后来春。

西阁无缘拈彩笔,东风有意祝花神。一生只妒姓林人②。

[注释]

①花朝:花朝节简称花朝,俗称"花神节","百花生日",汉族传统节日,一般为农历二月十二。

②一生只妒姓林人:《张伯驹词集》(文物出版社2008年版)作"一生只妒姓林人"。姓林人,指林和靖,北宋著名隐逸诗人。隐居西湖孤山,终生不仕不娶,惟喜植梅养鹤,人称"梅妻鹤子"。

[赏析]

此词美妙处在最后一句"一生只妒姓林人",由此可见词人爱梅之痴情。

定 风 波①

辛丑除夕②，与诸词友守岁

辽海归来雪满身，相逢容易倍相亲。灯外镜中仍故我，炉火，夜阑灰尽酒犹温。

明岁天涯应更远，肠断，春来不是故园春。几点寒梅还倚傍，才放，也难留住出关人。

[注释]

①定风波：词牌名，双调62字，平韵仄韵互用。
②辛丑除夕：1961年为辛丑年，直至1962年年初的春节前除夕，仍应为农历辛丑年。此时，张伯驹偕夫人潘素由吉林返回北京过春节。

[赏析]

词人除夕之时回到北京自己的家，但仍感到北京没有自己的家了，春节后仍须返回东北，所以，"春来不是故园春"了，尽管旧日的几点寒梅还在开放，但也难留住出关人了。这首词文字优美，音韵婉转和谐，而情意悲苦，颇耐寻味。

蝶 恋 花

开遍碧桃花满树,客里相逢,翠柳红楼住。片晌欢娱曾记处,枕边一夜廉纤雨。

旧事迷离重问汝,雾似烟非,隔梦成今古。春去春来春又去,天涯已是人迟暮。

[赏析]

这首词在《张伯驹词集·春游词》中未载,仅见于张伯驹《自书春游词册》,页间还夹有纸条云:"开遍碧桃一阕,是说与潘素在苏州事,已将三十年矣。"

张伯驹与潘素自于苏州结婚,近三十年,几乎从未分离。昔日才子佳人,神仙眷属,今日形影相伴,患难夫妻。前尘近事,回忆起来,既欣慰又无限感慨。这首词风情旖旎,词妙意深,似信手写来,浑然天成。

人月圆

> 辛丑中秋，同潘素访友，步月归家

玉街踏去疑空水，双影似双鱼。冰壶澄澈，纤尘俱净，万象清虚。

明年何地？家中客里，不改欢娱。无边人世，光明到处，皆是吾庐。

[赏析]

辛丑年为1961年，这一年张伯驹随潘素去吉林，此词当作于赴东北之前的中秋。上片写夫妇在月光中的情景，如梦如幻，如同仙境，令人忘却尘世的一切烦恼和庸俗，灵魂和爱情都得到了升华。下片"明年何地"一句，是说还不知到东北之后的情形，但无论如何漂泊，无边人世，只要有光明在，只要有信念在，只要有夫妇相伴，就处处是家。全词充满了乐观精神，令人感到命运的飘忽和人生信念的美好。

浣 溪 沙

出关后,家无能养花者。腊尽归来,盆梅只一花一蕊,憔悴堪怜,词以慰之

去后寒斋案积尘,庭除依是雪如银。小梅憔悴可怜人。半笑半啼应有恨,一花一蕊不成春。那堪吹笛为招魂。

[赏析]

案上积尘,庭院积雪,盆梅也只剩一花一蕊,词意凄清冷落。词所慰藉的是憔悴堪怜的小梅,但实际上就是他自己,他在另一首《眼儿媚》里说:"情深千尺,怜春是我,我是谁怜?"这些话,椎心泣血,可谓一字一泪,读之令人动容。本词描写内心感受缜密、凄婉,语言跌宕,流畅优美,对仗工整、俏皮,是张伯驹词风的典型作品。

飞雪满群山①

癸卯中秋前后，长春降雪，与钟美赋②秋雪词。

白草连云，西风卷地，雪飞八月胡天。凋零银桂，萧条玉柳，似曾秋尽江南。饥鹰盘大漠，看冰结、长河冻干。故乡一样，澄莹万里，月到北庭寒。

翘首望、漫漫西去路，当时杯酒，尘雾依然。心惊归鹤③，音沉来雁④，孤灯夜梦长安⑤。歌残金缕曲，别离久、征衣塞垣。就荒三径⑥，重阳节近人未还。

[注释]

①飞雪满群山：词牌名，又名"扁舟寻旧约""飞雪满堆山"，双调107字，前段十一句四平韵，后段十句四平韵。另有双调106字，前段十一句四平韵，后段十句四平韵的变体。调名本意即咏雪花飞舞铺满连绵的群山。

②钟美：萧劳，字钟美，诗人、书法家。

③归鹤：旧题晋陶潜《搜神后记》卷一载，辽东人丁令威学道于灵虚，后化鹤归辽。后以归鹤喻不忘故乡的人。

④来雁："寄雁传书""鸿雁传书"，以喻书信。

⑤长安：长安是西安的古称，为中国古代都城，在此代指北京。

⑥就荒三径：三径就荒，三径，指家园，或喻归隐。三径就荒表示离开家乡，不想故乡却已荒芜，有物是人非之感叹。陶渊明《归去来兮》有"三径就荒，松菊犹存"句。

[赏析]

此词写于1963年中秋节前后，长春已经降雪，时作者由北京去长春已历三年。暮年出关的经历，使得其作品题材转向了广阔的山川北国，又兼经历了人生坎坷与世态炎凉，边地的风物亦赋予他灵感，其词中奇景便富有了深沉的个人情感和广博的意蕴。

此词首句即化用岑参"北风卷地白草折，胡天八月即飞雪"句，给人以雄浑阔大的气势和丰富的联想，增强了词的意蕴和艺术含量。接着是直写北国山川的雪中奇景，突出了东北风物的特色。下片写自己背乡离井，难问归期的思乡之情，"孤灯夜梦长安"，给人以风烛残年，悲壮飘零之感，也触及了普遍游子思乡的情感。

此词韵律跌宕流畅，格调沉郁苍凉。

燕山亭①

长春客邸见杏花。和道君②

楼外香融,初见一枝,淡粉浓脂凝注。碧玉盈盈,乍著新妆,羞怯倚门娇女。恨在天涯,恁禁得、黄昏残雨。离苦,忆别后旸③台,几经春暮。

相对惟有斜阳,但独自凭阑,囗④囗无语。青骢⑤紫陌,侧帽垂鞭,忍思旧时游处。倒转东风,还欲倩、梦婆⑥吹去。难据,断肠句、伤心怕做。

[注释]

①燕山亭:词牌名,99字,前后片各五仄韵。
②道君:即宋徽宗赵佶,赵佶有词作《燕山亭》。
③旸(yáng):日出,天晴。
④囗:围的古字。
⑤骢(cōng):毛色青白相间的马。
⑥梦婆:形容富贵荣华,世事变化难测。

[赏析]

宋徽宗赵佶在其词《燕山亭·见杏花作》中,写杏花的盛开和凋零,借以抒发追忆往昔生活及其悲观绝望的感情。张伯驹这首词和宋徽宗的《燕山亭》在感情上有类似之处,但主要是抒发出关以后在东北的愁苦心情。这首词上片描绘杏花,用笔细腻、形象,对它的外形和神态都做了新颖美妙的刻画,写出杏花水灵灵的娇美和柔嫩,接着笔锋一转,担心杏花怎禁得风雨的摧残,由此暗示作者的自身遭遇,不仅是写花也是在写人。在古典诗词中,作者咏物,很少止于描写物态,多半有所比喻,有所寄托。下片词意完全转到自身,回忆自己青年时诗酒豪纵,裘马轻狂的生活,以及自己一生从事文艺活动,为收藏文物而一掷千金,不惜倾家荡产的壮举,联想到目前的处境,不禁伤心之至,最后连词也怕做了,因为做起来都是"断肠句",风格低抑幽婉,沉咽悲凉,充分表达了欲吞还吐的思绪和语言。

此词句式特点是长短相交,错落有致,以较短的句式为主,读起来有急促、顿挫的感觉。此词仄声韵,宜于表达抑塞磊落、沉郁哀痛、欲吞还吐的情感。此词具有很高的艺术价值,堪称优秀之作。

水调歌头

乙巳中秋寄钟美①北京

人亦有新旧,月亦有亏盈。百年瞬息一梦,此日未能醒。依是青天碧海,屡换红颜白发,尘世几曾经。杯酒酹佳节,歌管沸神京。

今夕事,人不在,月还明。师师灯火门巷②,忍忆汴梁城,更看长安棋局,多少贞元③朝士,只剩草青青。惟我与君耳,萍梗寄余生。

[注释]

①钟美:萧劳(1896—1996),字钟美,祖籍广东梅县,诗人、书法家。
②师师灯火门巷:李师师,生卒年不详,北宋末年青楼歌姬,曾深受宋徽宗喜爱,她与宋徽宗的故事流传颇广。
③贞元:唐德宗李适的年号(785年正月—805年八月),共计21年。

[赏析]

张伯驹几乎每年中秋都有词作。月有阴晴圆缺,人有悲欢离合,自然有诸多感慨，更何况词人是于1957年被划为右派后，随夫人去东北的，幸被安排在吉林省博物馆工作。远离故土，只身东北，难免有人生漂泊之感。这首词上片写人生感慨，直接抒情，由明月盈亏想到人事代谢，自然永恒而人生如梦，不由心生悲凉。由观月到兴感，感情发展自然。下片写与故人的情谊，写眼下的物是人非，历史的今古变迁，时局的频繁变换，故交的萧疏零落。最后又写自己和朋友的身世浮沉，相互慰藉。可谓感慨万千，下笔纵横捭阖，酣畅淋漓，情感表达一气贯之，毫无局促生硬之感，颇有苏轼《水调歌头》之词风。

蝶恋花

自嘲

马上琵琶斜抱斗①,怨曲声声,弹出边关口。背后桃花家更后,穷荒万里天涯又。

头白乌头归已叟,何日春婆②,倒转东风首。季子道君③师并友,我来却愧称词手。

[注释]

①马上琵琶斜抱斗:马上琵琶,指昭君出塞。王昭君,原为汉宫宫女。公元前54年,南匈奴呼韩邪单于向汉朝称臣归附,并向汉元帝自请为婿。元帝遂选宫女昭君赐予他。王昭君在汉朝和匈奴官员的护送下,骑着马,带上她心爱的琵琶,冒着塞外刺骨的寒风,来到匈奴地域。昭君死后葬在大青山,昭君墓即青冢。

②春婆:宋苏轼有"换扇唯逢春梦婆"的诗句,传说他贬官昌化时,在田间且行且歌,常遇负大瓢行田野间的春梦婆。向曰:"世事如何?"婆曰:"昔日富贵,一场春梦。"见宋赵令畤《侯鲭录》卷七。后以"春梦婆"感叹人生富贵无常,亦作"春婆"。

③季子道君:季子,吴北骞(1631—1684),字汉槎,号季子,清

初诗人,吴江松陵镇人(今江苏苏州人)。1657年(顺治十四年)科场案,无辜遭累,遗戍宁古塔23年,后经纳兰性德相助,得以赎还。诗作慷慨悲凉,独奏边音,因有"边塞诗人"之誉;道君,宋徽宗赵佶(1082—1135),宋朝第八位皇帝,别称道君皇帝、昏得公。国亡被俘,被关押于韩州(今辽宁省昌图县),后被迁到五国城(今黑龙江省依兰县)囚禁。囚禁期间,写下许多悔恨、凄凉、哀怨的诗句,如"彻夜西风憾破扉,萧条孤馆一灯微,家山回首三千里,目断山南无雁飞。"宋徽宗驾崩时54岁。

[赏析]

自嘲是一种悠然,看淡苦难而乐观的心态。在这首词中,词人用王昭君、吴汉槎、宋徽宗的典故以自比晚年出关的命运,感叹人生富贵无常,引汉槎、道君为师友,但又自嘲愧称诗人称号。全词韵律流畅、自然、轻松,诙谐的语言中透露出无奈的感叹。

鹧鸪天

壬寅冬初，独立吉林松花江上看雪

四望迷濛瞑不开，江流一线自天来。衰黄败柳迎风舞，残绿荒沙委地埋。

寒悄悄，白皑皑，粉弓弹出玉楼台。征人情意诗人兴，只少梅花与酒杯。

[赏析]

　　这是一首登临赏雪的抒情之作。上片写江流一线，四野迷蒙的壮观雪景。漫天飞雪，环宇茫茫，登临远望，江流封冻，遥望千里，直入云端，真好似"黄河之水天上来"一样的壮观，令人感叹。"衰黄败柳迎风舞，残绿荒沙委地埋"，是动景，也是赞美雪的力量和净化世界、扫荡丑恶的气势。从这一段写景中，直接抒发了作者豪壮的气概和热爱纯洁、鄙视丑恶的情怀。下片与上片对照，有两点值得注意，如果说上片写的是动景，下片则是静景。寒悄悄，白皑皑，周围是洁白的、静静的，这是一种与豪放相对的静寂的沉静的美。如果说豪放能荡人心胸，在这里，清静则能净化心灵。另外，上片抒发的是壮士豪情，下片则是诗人逸兴之作。征人在江雪里跋涉，能不触动悲壮的思乡情怀吗？诗人能不惹动美妙的诗情联想吗？在这样的情景中，如果有了梅花多好啊，雪的洁白，梅的清香、孤高与劲节，岂不令人精神为之一爽？如果有了酒杯多好啊，岂不叫人豪气顿增？作者这最后一句实为警句，拓展了联想，使读者好像真的感到了它的存在一样。化虚为实，补足、延伸了这首词的诗情画意，真是余音袅袅，令人掩卷而思，体味无穷。全词语言或雄迈高亢，或优美婉转，足见作者笔力超绝。

蝶 恋 花

玉枕懵腾①春半醒,独自无聊,比似厌厌病。乍暖还寒池院静,小楼一夜开红杏。

鱼雁②不来音信梗③,妒杀雕梁,燕子双双并。残雨未收风未定,迷离人立帘中影。

[注释]

①懵腾:懵(měng),糊涂;腾,上升,飞腾。懵腾,迷迷糊糊,半睡半醒,摇摇晃晃的样子。

②鱼雁:古人有"鱼雁传书"之说,鱼雁代指书信。

③梗:阻塞。

[赏析]

这是一首闺怨词,描写春夜寂寞环境中的一位多愁善感的美人,因思念丈夫而心神不定,难以安眠,惆怅无聊的情状。上片写春寒之夜庭院深沉空寂,美人独自无聊,一夜半眠半醒,犹似恹恹病态,读后令人愁情萦绕。可喜的是,如此懒散死寂的氛围里,竟然"小楼一夜开红杏"。真是神来之笔,精神顿生,给人以惊喜和希望。整个画面活泼起来，恹恹病态的少妇，也一下子动人可爱起来。此一句，极富情趣，表现出词人细致敏锐的观察力和新颖的构思能力。下片进一步展开叙述少妇惆怅渴盼的原因，原来是"鱼雁不来音信梗""妒杀雕梁，燕子双双并"，少妇嫉妒双双并立的燕子，可见其恋情的执着和对美好爱情的羡慕与追求。这一句既形象又深刻生动，逼真婉转地刻画出少妇的极度伤神之态。而结句自然，画面迷离动人，与上片呼应，自是一番景色，一番愁绪。情在景中，不言而愁自在，不言恨而恨自生，含蓄深远，意犹未尽。此词语句清丽，意旨缠绵，音韵圆转和谐。

高 阳 台

中国登山队登上希夏邦马峰①绝顶。和玉谷②

堆雪成川,凝冰作堑,从无鸟道人踪。地裂风号,终年四季皆冬。穷荒绝境开奇迹,气昂藏、真个英雄。看今朝、人在高峰,人是高峰。

红旗直插云霄际,引明霞映日,彩雾腾空。疏凿三巴③,翻知神禹④输功。茫茫世界恒沙数,辟鸿濛⑤、更辟鸿濛。待将来、上到蟾宫⑥,下到龙宫⑦。

[注释]

①希夏邦马峰:希夏邦马峰,藏语是"气候严寒,天气恶劣多变"之意,海拔8012米,位于喜马拉雅山脉中段。1964年5月2日,10名中国登山队队员首登希夏邦马峰,标志着世界8000米以上的极高峰已全部被人类踏足。

②玉谷:陈器伯(1898—1970),字玉谷,浙江镇海人,著名藏书家、书法家。

③三巴:指当时正在修筑的大三峡水库。

④神禹:神禹,传说他是皇帝的后代。三皇五帝时期,黄河泛滥,鲧、

禹父子二人负责治水,终于获得了胜利。

⑤鸿濛:即鸿蒙,宇宙形成前的混沌状态,辟鸿濛,即作"开天辟地"的意思。

⑥蟾宫:蟾宫即广寒宫,是中国神话传说中嫦娥居住的宫殿,在这里代指月亮。

⑦龙宫:中国古代神话中统领水族的王被称为龙王,龙宫即在海底。

[赏析]

这是张伯驹的一首豪放词,且题材选取歌颂1964年中国登山队首次登上喜马拉雅山,在张伯驹词作中是不多见的,因而这首词也就具有了时代意义。同时,对于一个新闻题材,要写成一首豪放词,难度是极高的。易于豪言壮语的堆砌而空洞无物,缺乏真切动人的情感,而这首豪放词恰好避开了纯粹概念化的语言,词中语言多用短句、情感壮烈而豪迈,词意丰富而具体,音韵跌宕,节奏感很强,读起来让人心情振奋,又可看到具体的形象。

这首词上片直接歌咏登山之本事,且不乏哲理性的语言,如"人在高峰、人是高峰",词的下片由登山一事放开联想,可谓放眼全国,想到了当时正在建设的大山峡水库,不禁胸襟豪迈。毛泽东在1965年6月作的词《水调歌头·游泳》中有句:"更立西江石壁,截断巫山云雨,高峡出平湖。"也是指正在建设中的大山峡水库,可于此词参照。同时,词人又想到了"上到蟾宫,下到龙宫",这些超前雄奇的想象,已在今天实现:中国的深海载人潜水器"蛟龙号"已成功突破7000米水深大关;中国的探月工程,已经先后发射了6个"嫦娥"系列月球探测器。

这首词具有很高的思想价值与艺术价值,它在提升了词的表现领域的同时,也提高了词的品味,丰富了词的表现力。

浣 溪 沙

雨后残阳噪乱鸦,轻寒楼外柳风斜。小阑①独立落藤花。
酒意渐消知是客,鹃②声不断道无家。惹人归梦绕天涯。

[注释]

①阑:门口的横格栅门,栅阑,井阑,引申为庭院。
②鹃:杜鹃,一种鸟,也叫"杜宇",又名子规,啼声凄苦。人们根据它的叫声,附会为"不如归去"。

[赏析]

　　1957年,张伯驹被错划为右派。1961年,其夫人、著名青绿山水画家潘素受聘吉林艺专,张伯驹同往,出任吉林省博物馆第一副馆长,直至1972年,返回北京。此词当为作者客居东北时作。
　　这是一首写景抒情的词。作者蒙冤受屈,客居东北,其悲哀思乡之情在所难免,此种心境下,触景生情,抒发了词人思乡的愁苦情绪,词意黯淡惨伤。上片写景,景疏淡而闲静,然又透露着不安、烦愁和伤感。乱鸦令人烦愁,轻寒、柳丝惹人思乡、感伤。"小阑独立落藤花",显得很幽静,也很寂寞。作者独立于如此幽美的环境中,耳听乱鸦,最易引起思乡之情。上片短短三句,语言平易,但环境却很典型、残阳、乱鸦、柳绿、藤花，容纳了许多典型的意象，勾画出一幅出神入化的图景，其中所包含的苍凉萧瑟的意蕴，自然会勾起沦落天涯那种孤寂、彷徨的心境。下片由听到悲切的鹃声，直接抒情，把上片景色中所蕴含的情绪淋漓尽致地宣泄出来。"惹人归梦绕天涯"，把这种情感推向极致，然而家在何处？作者的境况又不同于所谓一般意义上的"游子"，所以"道无家"更深刻地刻画出作者漂泊他乡和命运飘摇的悲苦。在这首词里，情和景水乳交融，而又若即若离。如果没有下片的直接抒情，上片的景色也可因人心境的不同而体会不同，如是安闲地独立于自己的家里，享受着小阑藤花轻落，楼外柳丝风斜的景色，不也是很美吗？然而下片的抒情却自然而然地赋予上片景色以特殊的含义。这种情和景的巧妙结合，这种人生况味的含蓄而直接地传达，不能不令人叹赏词人的笔法绝妙。同时，作者在这首词中所抒发的思乡愁绪，也道出了人人所能理解的普遍情感，分外感人。

水调歌头①

寄玉言北京、晋斋天津②

回首已成梦,此夜展春园③。四外无声无影,只有水潺湲。烂醉不须杯盏,狂舞不须箫鼓,心境两清寒。人籁④答天籁,天上即人间。

地全非,时亦换,月犹圆。五国城头⑤笳角,何计验刀环⑥。长念周郎⑦顾曲,更念孙郎⑧作赋,对影忆当年。昔日看今日,渐到夕阳边。

[注释]

①水调歌头:词牌名。相传隋炀帝开汴河时曾制《水调歌》,唐人演为大曲。大曲有散序、中序、入破三部分,"歌头"当为中序的第一章。又名《元会曲》《凯歌》《台城游》等。双调95字,平韵,宋人于上下阕中的两个六字句,多兼押仄韵。也有句句通押同部平仄声韵的。

②玉言:指周汝昌;晋斋,指孙正刚,字晋斋,词人。

③展春园:又名西郊承泽园。作者曾因购得隋展子虔《游春图》,自号"春游主人",又与词友结"展春词社"。

④籁（lài）：泛指声音。

⑤五国城头：五国城，遗址又称"坐井观天遗址"，位于吉林省西兰县城西北部，建于辽，为辽、金、元时军事重地，属黄龙府署司。

⑥刀环：一种专供折裁信封的小刀，代指书信。

⑦周郎：三国时吴军统帅周瑜。他被拜为大将军时才24岁，吴皆呼为周郎。

⑧孙郎：三国时吴国大帝孙权，字仲谋。他曾建立吴国，并打败来自北方的曹操军队。

[赏析]

这是怀念友人的抒情词，玉言指周汝昌先生，晋斋指孙正刚先生。上片写夜深人静之时，万籁俱寂，周遭清寒逼人，不由想起了与友人昔日结成"展春词社"时的热闹场面。而今"展春词社"已成旧梦，人皆散去，故此心寒，心潮起伏，思绪万端，满腹离愁。虽无饮酒烂醉，虽无鼓声激励，但同样感慨万分，热血沸腾，不能自已。下片抒情，写自己晚年时离京，供职于长春，独在异乡为异客，想起青年时代的雄心壮志，常以周郎、孙权自比，而今，人已年老，又时值"文化大革命"期间，国家在浩劫中，个人亦难有作为，真是心力交瘁，"渐到夕阳边"，不禁悲从中来，感慨万端。

这首词写的是怀念友人的离愁，把对朋友的思念表达得深刻细腻，生动传神，使人"魂销意尽"，具有很强的感染力，同时，此词虽写离愁，却尽去小儿女惺惺之态，充满了慷慨和豪情，豪壮中又见悲凉，读之令人动心。这首词多用三字句式和对偶句、排比句，使得全篇格局开合动荡，摇曳生姿，笔势浩荡，一股气势贯通全篇，足以畅发胸中的豪情与悲愁。

六州歌头

长白山①

昆仑②一脉,迤逦走游龙。承天柱,连地首,势凌空,耸重重。直接兴安岭③,燕支血④,祁连⑤雪,障沙漠,限胡汉,阻狼烽。伸臂度辽,跨渤烟九点⑥,更起齐东。结巍巍泰岱⑦,秩礼视三公。日观高峰,曙天红。

有灵池⑧水,森林海,千年药,万年松。喧飞瀑,喷寒雾,挂长虹。鼓雷风,南北流膏泽,分鸭绿⑨,汇伊通⑩。开镜泊,蓄丰满⑪,合浑同。屹立穷边绝域,从未受、汉禅秦封⑫。看白头含笑,今见主人翁,数与归宗。

[注释]

①长白山:位于吉林省东南部,为欧亚大陆东端的最高山系。长白山,春秋战国时称"不咸山",北朝时称"徙太山",隋唐时称"白山""太白山",辽金时,用汉语定为"长白山",并延续至今。历史上对长白山的不同称谓,反映了中华民族的祖先对长白山的认识,也反映了国家对

长白山的领属关系。

②昆仑：昆仑山，被世人称之为国山之父、龙脉之祖，它耸峙青海省格尔木市南侧，构成绵延几千里的天然屏障，素有"亚洲脊柱"之称。

③兴安岭：大兴安岭，属大兴安岭山脉，呈南北纵贯黑龙江省、吉林省西部，西侧过渡到呼伦贝尔高原。

④燕支血：一种宝马的名称。

⑤祁连：即祁连山，位于甘肃、青海两省交界处的甘肃一侧，地跨武威、张掖、酒泉三个地区。

⑥渤烟九点：亦谓"齐烟九点"，语出唐诗人李贺诗《梦天》："遥望齐州九点烟，一泓海水杯中泄。"诗中"齐州"本指中国，清代人因济南古称齐州，便借用该诗描绘济南风景。又一说，"九"并非确数，泛指山多。

⑦泰岱：即泰山，位于山东省，是中国五岳之首。

⑧灵池：长白山巅有池，名曰天池。

⑨鸭绿：即鸭绿江，发源于长白山脉。

⑩伊通：地名，在吉林省。

⑪丰满：即松花江上的第二松花湖（为人工湖，又名丰满水库）。

⑫汉禅秦封：禅，古代帝王祭地的一种活动；封，古代帝王祭天礼。此句指长白山从未受到过古代帝王的祭祀。

[赏析]

这是一首咏物词，歌咏长白山，实际是赞颂祖国的大好河山和悠久历史。上片从祖国西部的昆仑山点起，历数迤逦向东的名山大川，如祁连山、大兴安岭，直至长白山，横亘中国东西，真可谓承天柱、连地首，气魄极为壮阔宏大，从而将横空出世的名山大川、波澜壮阔的大海和祖国历史的千古风云酣畅淋漓地挥写于大笔之下，抒发了壮丽山河的豪迈气概。首句发语不凡，气势突起，因为昆仑山闻名遐迩，一开始就使你如同远眺昆仑森森万象，给人以广阔的想象。接下去，更是以三字句式排比下去，一气贯注，其间又加以四、五言，参差错落，读来琅琅上口，势如排山倒海，气壮山河，令人情绪激昂，热血沸腾。下片细写长白山的山水胜境，珍贵而又丰富的自然资源，重要的特产以及重要的地理位置，如数家珍，充满自豪和喜悦之情，最后归结到新中国欣欣向荣的气象和万民扬眉吐气的精神风貌，以自豪和欣慰的语气作结。此词写得气势磅礴，雄姿壮采，境界美不胜收，由此可见作者的空前气魄和卓绝笔力。

鹧 鸪 天

甲辰除夕①

帘影参差竹影斜,背灯无语对梅花。归来几日家如客,飘泊频年客似家。

风雪急,路途赊②,催人抵死又天涯。故交此日还谁在,忍傍孤尊恋岁华。

[注释]

①甲辰除夕:1964 年为农历甲辰年,张伯驹时任吉林省博物馆第一副馆长,时从吉林返京过春节。

②赊(shē):远。

[赏析]

20 世纪 60 年代初,张伯驹离京在吉林任职,除夕之时,才回到北京,所以有"频年飘泊"的感觉,本来是家中的主人,偶然归来仿佛是客人似的陌生,"家如客""客似家"的位置颠倒,深刻而心酸地道出了作者漂泊在外,天涯归来,分外孤独凄惶的人生况味,增强了感情的渲染。全篇低徊哀婉,音韵和谐,一往情深。

　　古人云:"词穷而后工。"这首词及《春游词》中大部分词作,无论是思想深度、感情深度还是艺术高度,都达到了一个全新、透彻而本真的境界。这种境界是以他的苦难、眼泪和性命及其才思磨炼出来的。

鹧鸪天

闷倚阑干似醉中,难将心事诉春风。高低芳草连天碧,平远斜阳卧地红。

山叠叠,水重重,玉鳞①不寄锦书通。相思来往如飞燕,一向西时一向东②。

[注释]

①玉鳞:指书信,典出《乐府诗集·相和歌辞十三》:"客从远方来,遗我双鲤鱼。呼儿烹鲤鱼,中有尺素书。"

②一向西时一向东:词人家在北京,而在吉林任职,所以说一东一西。

[赏析]

作者客居长春,在春暖花开的季节里登高远望,既被眼前气象宏阔的春景所陶醉,又引起思乡愁情。上下片均将写景和抒情融合在一起,语言轻快缠绵,情调既婉约又哀愁,刻画心理极为逼真、婉转。"相思来往如飞燕,一向西时一向东",角度一变,设想夫人也在苦苦地思念着自己,更加深了词情的厚度。"高低芳草连天碧,平远斜阳卧地红",对仗工整,内涵与意境广阔而深碧,巧妙地概括了春天、远山、芳草、夕阳的特色。这种修辞方法具有工整对称的形式美、言简意赅的精练美、抑扬对应的音乐美,不但可扩大词意的容量,而且能引起读者联想的飞跃,拓展诗词的意味,使整首词因对仗而增强了感染力。

思远人①

和小山②

花落絮飞春事了,千里更为客。空来鸿雁,不捎书信,消息怎寻得。

悲时血向心房滴,泪眼渍如墨。待望到尽头,绿凄红惨,斜阳黯无色。

[注释]

①思远人:词牌名,双调仄韵,51字,上片两仄韵,下片三仄韵。

②和小山:小山即晏几道,宋代词人,号小山。其词作有《思远人》:"红叶黄花秋意晚,千里念行客。飞云过尽,归鸿无信,何处寄书得?泪弹不尽临窗滴,就砚旋研墨。渐写到别来,此情深处,红笺为无色。"和小山,即张伯驹所作词既用小山词原韵原字,且先后次序都相同。

[赏析]

这首词抒写怀人念远之情。暮春时节,花落絮飞,令人顿生春愁之感,由此而想到自己远在千里之外,更加思念亲人。云来雁去,又不见来信，亲人的消息一点儿也得不到，悲痛之极，犹觉心血涌动，眼泪如墨水一样滴湿了信纸，登高远望，直到看到天尽头，也只看到凄凉的绿色和惨淡的红花，连落日也黯然无色。总之，全词以质朴的言词极写思乡之情，读来真切感人。

第三辑

选自《秦游词》

余少年从戎入秦，宝马金鞭，雕冠剑佩，意气何其豪横！中年避寇，再居关中，兵火之余，仅存书画，托迹商贾，聊供菽薪。暮岁东出榆关，追步道君、秋笳，铩羽归来，疾病穷苦，乃更入秦依女儿以了残年。老马知途，不谙终南捷径；朱门鼎食，复味首阳蕨薇。此一生如四时，饱经风雨阴晴之变，而心亦安之。时则重到旧游地，作小词，亦不计工拙。盖为残雪剩爪，随笔之所至，幸方家视之，勿以词品相衡量也。庚戌初冬，中州丛碧序。

——张伯驹

一 剪 梅①

庚戌大雪节无雪②

日短日长一线差,昼也风沙,夜也风沙。谢娘③咏絮减才华,柳未飞花,梨未开花。

纵不征途阻客车,何处天涯,到处天涯。空枝绕树似寒鸦,道是归家,还是无家。

[注释]

①一剪梅:词牌名。宋周邦彦词中有"一剪梅花万样娇"句,故名,又名《腊梅香》《玉簟秋》等。双调60字,平韵。

②庚戌大雪节无雪:庚戌,1970年,大雪节,均在公历12月上旬。

③谢娘:即谢道韫,东晋女诗人,今河南太康人。谢安侄女,曾有咏雪诗:"未若柳絮因风起。"世称"咏絮才"。

[赏析]

此词作于1970年冬,寄住西安女儿家时,也正是词人一生中最为困窘的时期,北京是其故家,但因失去户口,无法在京安居,所以词人感叹,何处天涯,到处天涯。感叹自己晚年境况是"道是归家,还是无家",心中悲凉、凄怨由此可见。这首词韵律流畅、轻快,但却于轻快中显现出一腔悲情。

小 秦 王

春日偶书

窗外坐看送夕阳,棉衣初换尚嫌凉。
闭门知是春多少,花片随风忽过墙。

[注释]

  张伯驹词具有自然朴素的风格,尤其是小令,常在情与景的交融中,以似乎随口涌出的语言传送出直率的情感,绘声绘色,神情毕现,颇有余意无穷的韵味。

鹧 鸪 天

登骊山①

赢步②犹能直上颠,归来五岳小群山。遥看云气连秦岭,多有诗情到辋川③。

愁棣萼④,泣钗钿,忍听鼙鼓⑤梦当年。一生久惯惊烽火,只少褒姬⑥笑我前。

[注释]

①骊山:位于陕西省西安市临潼区城南,是秦岭山脉的一个支脉,山势逶迤,树木葱茏,远望宛如一匹苍黛色的骏马而得名。山上文物胜迹众多。上古时期,女娲在此"炼石补天";西周末年,周幽王在此上演了烽火戏诸侯的历史典故;盛唐时,唐玄宗与杨贵妃在此演绎了一场凄美的爱情故事;著名的西安事变也发生于骊山之上。

②赢步:赢,瘦、弱。

③棣(dì)萼:比喻兄弟。唐杜甫诗《至后》有句:"梅花一开不自觉,棣萼一别永相望。"

④辋川:即辋谷水,源出秦岭北麓。唐诗人王维曾置家业于此。

⑤鼙鼓:唐诗人白居易诗《长恨歌》有句:"渔阳鼙鼓动地来,惊破

霓裳羽衣曲。"以咏安史之乱时唐玄宗和杨贵妃事。

⑥褒姬：褒姬，即褒姒，姓姒，周幽王妃，后立为王后。《史记·周本纪》：褒姒不好笑，幽王欲其笑，万方故不笑。幽王为烽燧大鼓，有寇至则举烽火。诸侯悉至，至而无寇。褒姬乃大笑。幽王说之，为数举烽火，其后不信，诸侯亦不至。此即"烽火戏诸侯"之典。

［赏析］

　　此词为旅游怀古词，作于1970年从东北归来暂住西安女儿家时。作者已73岁，故称赢步，犹频游骊山，凭吊古迹遗址，褒姒、王维、安史之乱等史事引发出作者情思，但一般凭吊怀古诗词的情感都是沉郁的，沉思而庄重，作者在这里则是欢快的，幽默的，反映了作者于困顿境遇中的达观态度。全词格调轻松欢快，但愁、泣、忍听等词也透露出作者对史迹的感慨和叹息之情。

小 秦 王①

题与潘素合画《梦华图》

其 一

寒风相妒雪相侵,暗里有香无处寻。
唯是月明知此意,玉壶一片照冰心②。

其 二

华清池外小阑干,琐碎金英聚作团。
水气氤氲③山意活,冲风冒雪不知寒。

其 三

解缆行人晚泊船,露筋祠④外一林烟。
红蜻蜓弱飞无力,月白风清野水边。

[注释]

①小秦王:词牌名,又名《阳关曲》,单调28字,四句三平韵。

②玉壶一片照冰心:化用王昌龄"一片冰心在玉壶"句意。冰心,像冰一样明洁的心,这是对遭诬而言。

③氤氲(yīn yūn):烟云弥漫。

④露筋祠:古代江都人民建祠纪念露筋女,赞颂封建时代妇女忠贞自守的节操。

[赏析]

《小秦王》共二十一首,这里选三首。

其一借咏白梅凌霜傲雪,纵然屡遭风雪摧折,而不改其志的高洁情怀以自况,表明自己"文革"中虽遭诬陷,仍保持冰清玉洁、表里如一的高尚情操。本词构思精巧,意义深婉。

其二赞美迎春花冒雪迎寒而开以迎春天的精神。语言优美活泼,意趣盎然。

其三可谓既有诗情,又有画意,宛然一幅优美的图画,词句在朴素与自然的描述中透出独有的情趣与韵味。

鹧鸪天

雁塔①

曾是高标矗盛唐，僧亡香灭锁空房。鸟音似唪②多心偈③，萤火还疑舍利④光。

听淅淅，视茫茫，惊风无往渭流⑤长。西来秋色今如昔，不见五陵⑥气郁苍。

[注释]

①雁塔：即大雁塔，又名大慈恩寺塔，唐高宗永徽三年（公元652年）玄奘法师为供奉从印度带回的佛像、舍利和梵文经典，在慈恩寺的西塔院建起一座五层砖塔，后在武则天长安年间改建为七层。大雁塔通高64.5米，塔体为方形锥体，造型简洁、气势雄伟，是我国佛教建筑艺术中不可多得的杰作。

②唪（fěng）：佛教徒、道教徒高声念经。

③偈（jì）：和尚唱的词句。

④舍利：指佛教祖师释迦牟尼佛圆寂火化后留下的遗骨和珠状宝石样生成物。舍利子有的像珍珠，有的像玛瑙、水晶，有的光彩照人，像钻石一般。

⑤渭流：即渭水，一称渭河，黄河最大支流，在陕西省中部，唐杜牧《阿房宫赋》有"渭流涨腻，弃脂水也"句。

⑥五陵：五陵原，是以西汉王朝在这里设立的五个帝王的陵墓而得名的，有长陵、安陵、阳陵、茂陵、平陵。

[赏析]

本词为怀古以伤时忧世之作。追忆盛唐时期大雁塔的雄伟和烟火繁盛的升平气象，感慨世事沧桑，如今僧亡香灭，一片萧索的气氛。这当然与当时的政治环境有关，"文化大革命"中全国各地文物遭到严重破坏，大雁塔呈现出一派破败萧条景象，是自然的事。词人面对这一切，难免发出吊古伤时的慨叹。本词特色为情景交融，通篇一气盘旋，有波涛起伏之感，充满叹息今古的激荡情感，发人深思，音韵铿锵有力，气势不凡。

浣 溪 沙

过工部祠①,用少陵②诗句

烽火家书抵万金,巫山巫峡气萧森。孤舟天地与浮沉。
破国春深多溅泪,高楼花近易伤心。低垂苦作白头吟。

前 调

直北关山在望中,心悲玉殿起秋风。五陵佳气郁葱茏。
感激君臣余涕泪,飘零弟妹各西东。江湖澒③洞一渔翁。

[注释]

①工部祠:杜甫曾被人们称为"杜工部"。
②少陵:杜甫曾住杜陵附近的少陵,故世称杜少陵。
③澒(hòng):弥漫无际。

[赏析]

　　这两首词全用杜甫不同诗篇的诗句联缀而成。一句诗多为杜诗中几句诗中的词语巧妙拼结而成，如"烽火家书抵万金"，杜诗为"烽火连三月，家书抵万金"；"破国春深多溅泪"，则由"国破山河在，城春草木深。感时花溅泪"等组成，但经张伯驹重新组合之后，又不见拼接痕迹，浑如自然天成，无论诗意、音韵都自成一体，不能不令人拍案叫绝，由此也可见张伯驹词作的才华和功力。人们说他自幼聪慧异常，九岁即能作诗，记忆力惊人，朝夕诵读，过目不忘，文思敏捷，典故谙熟，出口成章，看来确非虚言。当代著名学者周汝昌、冯其庸称他为杰出的词人，实为定评。

渭 城 曲①

今冬相对无梅,见肆间有小盆。梅初花,欲买囊空无钱,赋此阕

肆间初见小梅姿,风韵依然似旧时。
画图愿买折枝写,无奈囊空惟剩诗。

[注释]

①渭城曲:词牌名,单调28字,四句三平韵。

[赏析]

此词作于1970年,这一年是词人最为穷困潦倒的时候,时仍处"文革"高潮中,词人受到残酷迫害,失去了工作,没有了工资;年初被下放到农村劳动,而农村拒收,词人与夫人潘素回到北京,又难以落户,真是无家可归,只有靠朋友接济度日,后来不得不入秦依靠女儿过活。词人虽穷困但爱梅之心不减,玉洁冰清的情操不变,可囊中空空如也,然而词人仍然是幽默的,自嘲肚子里唯剩诗书而已。此词语气自然平易,虽有幽默感,但情意惨伤。

鹧 鸪 天①

庚戌除夕长安守岁

垂老飘零燕寄椽,岁阑客梦在长安。烛盘泪比金茎露②,鼙鼓③声疑爆竹天。

熏酒气,幻炉烟,回头直到汉唐年。残宵冥坐人如故,开眼明朝惊改弦。

[注释]

①鹧鸪天:词人此次共作"鹧鸪天"三首,这里选其中一首。

②金茎露:承露盘中的露,传说将此露和玉屑服之。可得仙道。冯浩笺注引《三辅黄图》:"建章宫有神明台,武帝造,祭仙人处。上有承露盘,有铜仙人舒掌捧铜盘玉杯,以承云表之露,和玉屑服之。"

③鼙鼓:唐诗人白居易诗《长恨歌》有句"渔阳鼙鼓动地来,惊破霓裳羽衣曲。"

［赏析］

　　此词作于1971年年初,暂住女儿家时。此时有一种"垂老飘零""寄人篱下"的悲情,但词人的生活态度是达观、随缘的,仍然由烛泪联想到"金茎露",由爆竹声联想到安史之乱的渔阳鼙鼓,足见词人心胸的豁达和知识的渊博。最后一句回归主题,辞旧迎新,同时也寄寓着词人对新年的期望。

小 秦 王

和孤桐①七绝句

才无宋玉②赋高唐,枉有狂名气自扬。
边塞十年③冰雪里,牡丹江上吊词皇④。

[注释]

①孤桐:章士钊(1881.3—1973.7)字行严,湖南长沙人,晚年自号孤桐。

②宋玉:生卒年不详,是稍后于屈原的楚国作家,著有《高唐赋》《神女赋》等。

③边塞十年:指词人于1961年至1970年10年间在东北工作。

④词皇:即宋徽宗赵佶。1127年,金兵攻破汴京,赵佶父子被掳北去,赵佶后死于五国城(今黑龙江依兰)。他的诗词书画都有名,所以词人称他为"词皇"。

[赏析]

这是一首回忆自己在东北生活十年的词作。十年间,词人尽心尽力,成果卓著,却得不到肯定,反而被诬为继承、迷恋封建文化的糟粕，于是词人自叹"才无宋玉赋高唐"。"枉有狂名气自扬"是指周汝昌先生曾高度评价他的词作及其艺术成就。就整首词而言，词人为自己的遭遇而伤心，感到自己的结局和词皇赵佶一样的悲惨，抒发了怀才不遇的牢骚和愤慨。全词充满悲愤的情感，沉郁苍凉。

鹧鸪天

立冬，前词意有未尽，再赋此阕

落叶声停夜打门，残秋虽恋已无痕。酒波香促新年梦，炉火温回旧日春。

虫入蛰，雁归群，北风大地冻黄尘。绨袍①赖有东暄②赠，不信一寒是弃人。

[注释]

①绨袍：绨，绨袍，粗糙的纺织品。
②冬暄：冬季阳光温暖。

[赏析]

这首词作于1970年，这是张伯驹夫妇从东北回来后生活最为困难的一年，窗外"北风""黄尘"，冬景惨淡，室内尚有炉火酒温，听着门外簌簌的落叶之声，暮年至此，无限凄凉，但张伯驹仍然没有忘记手中的词笔，流露出旷达、乐观的心态，"不信一寒是弃人"，其乐观从容的心态，让人感叹。

鹧鸪天

辛亥元宵为潘素生日赋

白首齐眉几上元，金吾①不禁有情天。打灯无雪银街静，扑席多风玉斗寒。

惊浪里，骇波间，鸳鸯莲叶戏田田。年年长愿如今夜，明月随人一样圆。

[注释]

①金吾：即金乌，相传日中有三足鸟，为神鸟，在太阳上生活，在这里被附会成太阳的象征。

[赏析]

每年潘素生日，张伯驹都要为她作词庆生。《张伯驹词集》中明确表明寄潘素的词有12首。词人对夫妇间"齐眉举案"的情感非常珍视。这种伉俪情深也成为支撑其晚年落寞生活中的精神支柱，因而，他的情词中常展现一种相依相守的平淡与满足。

浣 溪 沙

正月十一日大雪,晨起河边踏雪诵佛

梦里曾于净土①行,开门起看尽光明。岸边垂柳鹤梳翎。天地与心同一白,乾坤着我并双清。万花飞散打身轻。

[注释]

①净土:佛教中指西方极乐净土,清净庄严的处所。

[赏析]

词人夜梦中仿佛到了净土佛界,早晨开门一看,白雪世界,一片光明。河岸上绿柳静垂,悠闲的鹤在梳弄翎羽,飘散的雪花轻轻打在身上,在这个静美的时刻,词人的心与天地同样洁白,与乾坤清光相映,这是何等纯净无瑕的境界。此词风格欢快俊爽,语言晓畅、自然,音节响亮,表达出词人赞美雪景,赞美自然和人类清纯品质的激情,充满着生命的活力。这首词写于1972年,正是"文革"年代,张伯驹先生竟然一时置身于清净世界,悠悠然踏雪咏佛,如此澹静超凡,是一般人所难以达到的。此时词人思想已受佛教影响较深,佛家思想成为他解脱烦恼、抚平创伤的一帖良药,使他进入到物我相忘、身心皆空、内心超然清净、了无挂碍的境界。

瑞 鹧 鸪①

与君坦②游大觉寺③看杏花

大觉名存地已非,重游忍共泪沾衣。故人多向花间尽④,新燕仍来幕上飞。

依旧芳林红作阵,不堪宿草⑤绿成围。欲归似道时还早,恋我残明是夕晖。

[注释]

①瑞鹧鸪:词牌名,又名《五拍》《舞春风》《鹧鸪词》等。双调56字,平韵。按《瑞鹧鸪》本七言律诗,因唐人谱为歌词,便成词调。至宋柳永乃增添为双调64字及88字两种。

②君坦:即黄君坦(1901—1986),福建闽侯人,中央文史馆员。

③大觉寺:位于北京市海淀区阳台山麓。

④故人多向花间尽:意思是老朋友已有多人先后去世。

⑤宿(sù)草:墓园里长满了很长时间的荒草。宿,在这里意为年老的。

[赏析]

　　此词作于 1970 年，正是词人处于人生低谷，最不得志的一年。这时来看杏花，就有了"感时花溅泪"的伤感。看到一年一度春光重来，"依旧芳林红作阵""新燕仍来幕上飞"的情景，反而想到了自己的朋友一个个逝去，不禁悲从中来，有了"今年花胜去年红，可惜明年花更好，知与谁同"的感慨，不忍看墓草丛生，心中充满了对朋友的怀念和自己身处逆境的伤感，也产生了厌世的情绪，却又感正值壮年，想死去，未免太早，太不应该。可是，自己留恋和希冀的光明是什么呢？只是像夕照一样，没有前途。这是作者在"文革"浩劫中不难产生的情绪，矛盾而又复杂，但作者这种复杂的情感却用含蓄、形象且含有哲理的艺术语言给表达出来了。

浪 淘 沙

院内迎春一株盛开,因效花间体①赋此

独自立华裀②,檀麝③微薰。落梅满地早关门。箫管无声筵席散,剩有停云。

池水碧鳞鳞,怕照眉颦④。小楼寂寞近黄昏。微雨一番寒又暖,开到迎春。

[注释]

①花间体:指一种词派和词风,可称为"花间词""花间派",以晚唐词人温庭筠、韦庄为代表,其词内容多写色情相思、游乐、离别。风格绮怨,精妙艳丽,一般造语绮靡绵密,造境窈深幽约,但花间词也有疏朗、清丽、自然的词作。此类词语言明秀而口语化,平易自然,抒情意味增强。

②华裀(yīn):夹衣。

③檀麝:檀即檀香,一种香料;麝(shè),指麝香,亦泛指香气。

④颦(pín):皱,皱眉。

[赏析]

　　此词是作者仿效"花间词"而写的一首抒情词。上片写早春时节的一个黄昏，词人独自立于宴席散后的小院欣赏一枝开放的迎春花，意境清新、幽美，落梅满地，箫管无声，何等清幽高雅，作者心情闲适。然下片就写出了作者的寂寞和伤悲，是抒情，情意深婉而惆怅，这可能是由于环境的凄婉、清幽引起的，环境使人心恻，也可理解成作者有意体会花间词人的哀伤情绪。最后两句，情绪又转向欢快。总之，此词上片写小院之静之美，下片写小院之寂和迎春花的孤独与凄冷，但作者的伤感也是一种美的体味，迎春花雨后的开放自是一种美丽。全词语言自然清秀，没有浓艳之色，体现了词人的另一种风格。

小 秦 王

同君坦紫竹院观荷,和君坦

清溪堤外稻花田,水接源头第一泉。
垂柳阴阴飞白鸟,野风吹破一湖烟。

[赏析]

　　这首词写田园风光。全词四句,展示出一幅生动优美的图画,清清的溪流紧依着稻田,稻花飘香,泉水清澈,溪流边垂柳浓阴,小鸟在林木间飞起、跳跃、啼啭,远远望去,野风吹拂湖水、稻田,漫空里似乎水雾蒙蒙。唐诗人王维曾有"漠漠水田飞白鹭,阴阴夏木啭黄鹂"(《积雨辋川庄作》)的诗句,此词显然化用了王维诗意,但很巧妙、自然。全词整个画面色彩鲜明和谐,有动有静,有声有色,流露出作者欣喜、优雅的情致。这首词用语极为自然平淡、清丽,毫无雕琢之感,以景寓情,韵味悠长,句法活泼,风致妍丽。

杨 柳 枝①

其 一

朝雨渭城②尘不飞,离亭劝酒换征衣。
故人难到阳关③外,唯有东风吹向西。

[注释]

①杨柳枝:又名《折杨柳》《折柳枝》,其体制为七言四句,沿用为词牌。张伯驹先生此次以词牌《杨柳枝》共作词43首,这里仅选6首,且不是依次选。

②渭城:秦都咸阳故城,在今陕西西安北渭水北岸。

③阳关:汉唐以来通向西域的要道,为河西走廊的尽头,位于玉门关南,故地在今甘肃敦煌西南。

[赏析]

唐诗人王维有诗《送元二使安西》:"渭城朝雨浥轻尘,客舍青青柳色新。劝君更尽一杯酒,西出阳关无故人。"这首词显然化用王维诗意,但颇有新意。王维诗抒发了人们送别友人的感伤情怀,含有友爱、关切、离愁别绪种种复杂之情。在这一点上,这首词意亦同王维诗意。可贵的是最后一句:"唯有东风吹向西",一反伤感之态,有豪放之情,令人鼓舞。"故人难到阳关外"显然意同"西出阳关无故人"。但"唯有东风吹向西"意境大变,它给人的不仅仅是伤感和离愁,更多的是给人以安慰和鼓励:您尽管去吧,我们虽不能到阳关之外,但东风会带着我们的友情和力量陪着您。此语多么温暖感人,远远胜过离愁的诉说。全词主调慷慨苍劲,风格壮阔旷远。

其 二

灞陵桥①上车马过,灞陵桥下水生波。
古今看惯行人别,不信潺湲②比泪多。

[注释]

①灞陵桥:亦称霸桥,旧日,长安东南有霸桥,隔水为桥,送别至此而止。

②潺湲(chán yuán):水慢慢流动的样子。

[赏析]

这首词是对送别场景的抒情、感慨,是对"霸桥送别"典故的深化、形象化。一般人只把送别的泪水比喻成桥下流水,已可见其悲哀之甚,而词人在这里说泪水比桥下之水还多,语意奇警,撼动人心,足见作者对典故的理解之深,且能反向思维,别出新意,使人获得更深、更新的感受。这已不仅仅是作词技巧的问题,而是心境、哲理的感悟超出常人之上。

其 三

丝丝金缕弄轻柔,勾引春风傍小楼。
燕剪莺梭来又去,不知织得几多愁。

[赏析]

本词语言轻快俏皮,婉转天成,音律谐美。作者体物精微,想象丰富,表面谓愁,其实"轻柔""金缕""勾引""春风"等词已将春天的欢快巧妙地暗蕴其间,如果是愁,也是相思之愁、美丽之愁、春愁之愁、宜人之愁。

其 四

胭脂坡上路邪斜,一角红楼是妾家。
五柳三槐侬不爱,门前只种马樱花。

[赏析]

此首词写一个单纯少女的相思之情,其活泼清纯之态跃然眼前。

此首词语浅情深,灵动美妙,余味隽永。

其 五

孤店疲驴客去家,霜天流水阵盘鸦。
济南道上斜阳外,多有村庄开柽花①。

[注释]

①柽(chēng)花:柽柳,又叫"红柳",老枝红色,花淡红色。

[赏析]

　　这首词化用元代马致远的《天净沙·秋思》之意境:"枯藤老树昏鸦,小桥流水人家,古道西风瘦马。夕阳西下,断肠人在天涯。"然作者化用得巧妙自然,浑然天成,一如己出。马致远的《秋思》描写的景物中包含的是苍凉萧瑟的意蕴,所传达的是天涯游子那孤寂、彷徨、绝望的心境。而张伯驹一句"多有村庄开柽花",就将旅途中些微诗意的情趣带到了意境之中,打破了那寂寞凄凉的氛围,增加了温暖、明丽的色调。这是作者的新奇、高妙之处。这首词化用别人的诗意,也表现出了张伯驹常能别出心裁、出人取胜的不凡才思。

其 六

迷离烟色有无间,夹岸临流水一湾。
雨后登楼时一望,柔条缺处是青山。

[赏析]

　　这首词写登高远望的山水风光，前两句是眼前近景：烟色迷离，流水夹岸，景色朦胧可人，富有诗情画意，令人感到闲适、愉悦。最后一句"柔条缺处是青山"，看似平淡，实是奇崛，远远望去，婀娜的柳丝缺处，可见青山之苍远，令人顿感壮美，胸襟为之一振。全词熔委婉与苍劲于一炉，刚柔相济，韵味久耐咀嚼。

鹊 桥 仙

辛亥七夕和淮海①

秋宵寂寞,秋风凄冷,如此良辰忍度。牵牛开遍露中花,似泪点,莹莹无数。

恨长欢短,离多会少,来路瞬成去路。神仙应也羡鸳鸯,又何况,人间朝暮。

[注释]

①辛亥七夕和淮海:辛亥七夕,指1971年七夕节;淮海,秦观(1049—1100),字少游,号淮海居士,今江苏高邮人,北宋著名婉约派词人,有词《鹊桥仙》:"两情若是久长时,又岂在朝朝暮暮。"成为流传后世的名句,张伯驹这首词作就是秦观《鹊桥仙》的和韵之作。

[赏析]

秦观的词着力歌颂了那种天长地久、坚贞不渝的爱情。张伯驹此词也是借牛郎织女的故事感叹爱情的悲欢离合。此词意在"神仙应也羡鸳鸯",从而歌颂了人间爱情的"朝朝暮暮",夫妇可以时时团聚,胜似天上离多会少。

相 见 欢①

辛亥②中秋聚则虞③家,再赋和后主④

放教月上高楼,卷帘钩。百岁人生如梦几中秋。

情续断,影零乱,不知愁。还有明年今日在前头。

[注释]

①相见欢:词牌名,又名《秋夜月》《上西楼》《乌夜啼》等。双调,36字,上阕平韵,下阕两仄韵、两平韵。

②"辛亥"为1971年。

③则虞:即吴则虞(1913—1977),安徽泾县人,当代国学大师,曾任职于北京大学、中国人民大学、中央高级党校。

④再赋和后主:后主,指南唐末代皇帝李煜。其词有《相见欢》:"无言独上西楼,月如钩,寂寞梧桐深院锁清秋。剪不断,理还乱,是离愁。别是一番滋味在心头。"和,指和韵。在这里,张伯驹用李煜词的原韵原字,且先后次序都相同,填写了自己的《相见欢》一词。

[赏析]

　　李后主的《相见欢》一词,是写其离愁别恨和囚徒生活,是状写愁情独到深刻的妙笔。张伯驹先生步其韵,而其意境则和惆怅迷茫之感大不相同。上片"百岁人生如梦几中秋",感叹人生的短暂,一生中能遇上多少次中秋佳节,当然含有"人间如梦"之感,然下片"还有明年今日在前头",充满着积极进取,追求美好生活前景的乐观情绪和进取精神。尽管有"情续断,影零乱"的愁情,但难掩全篇乐观向上的主调,全词语言朴素精练,音韵流走如珠,朗朗上口。

啰唝曲①

携两外孙女雁塔看腊梅

其 一

腊残梅始发,南去雁回初。
渭水连汾水,不捎一纸书。

其 二
岁尽临除夕,家家事都忙。
已知新酿酒,色似鹅儿黄。

其 三
两小痴骏女②,生来亦爱花。
背人踏积雪,偷折献阿爷。

其 四

坐久心无着,耳清意亦忘。

不知何世界,身与佛俱香。

[注释]

①啰唝曲:词牌名,单调 20 字,四句两平韵,极似五言绝句。但自有其格律。

②痴骇:汉代郑玄解释为"蠢愚而痴骇童昏者",用白话即:两个傻傻的小女孩,十分昵爱的称呼。

[赏析]

这是《张伯驹词集》中仅见的 8 首"啰唝曲"中的 4 首,"啰唝曲"是晚唐出现的带有小调性质,可以唱的小曲,张伯驹用这个词牌,透露出他那轻俏而童真的惬意。

这几首词写得很美,冬去春来,腊梅始开,已是除夕,此时正是感慨人生如四时,周而复始,新的一年即将开始之际,词人带着两个天真的外孙女,踏雪看梅,看得久了,已不知身在何处,仿佛已与茫茫天地化为一体。烦愁,全然忘却,心灵已纯然净化,已与雁塔所象征的佛的世界融为一体。

鹧 鸪 天

秦始皇①陵

一出函关②六国销，河山万世付儿曹③。书焚④未料来刘季⑤，椎击⑥何知有赵高⑦。

唐寝废，汉陵遥，霸图剩此土岩峣⑧。荆榛不是神山树，只对斜阳唱牧樵。

[注释]

①秦始皇：秦庄襄王之子，即位26年，消灭六国，建立统一的秦王朝，自称始皇帝。
②函关：指函谷关，战国秦置函谷关，在今河南灵宝东北。
③曹：等，辈，尔曹。
④书焚：指秦始皇"焚书坑儒"事件。
⑤刘季：汉高祖刘邦（前256—前195），字季，西汉王朝的建立者。
⑥椎（chuí）击：指秦始皇于博浪沙遭刺杀事。
⑦赵高：秦时宦官，始皇三十七年随从出巡，始皇死于沙丘，遂与李斯密谋，伪造遗诏，逼始皇长子扶苏自杀，立胡亥为二世皇帝，自为丞相，专横跋扈。后为子婴设计所杀。

⑧岧峣(tiáo yáo)：山高。

[赏析]

　　这是一首咏史怀古词。词人面对秦始皇陵，回顾自秦始皇以来历代王朝兴替灭亡的历史，发出深沉的感慨。首两句写秦始皇横扫六国，建立统一秦王朝的伟业。接着，词人嘲笑斥责了秦始皇的严刑酷法，滥用民力的暴行。其"焚书坑儒"何等不可一世，气焰万丈。但他没有料到，有压迫就有反抗，最终由刘邦、项羽等率领的农民起义军推翻了秦王朝。秦始皇曾于博浪沙遭刺杀，险些丧命，本该自省，但其不思悔改，仍重用奸贼，屠杀忠良，岂知正是赵高一类的佞臣断送了始皇的帝业。下片回顾秦以来汉、唐等王朝先是强盛无比，成就霸业，最终也都是一个个灰飞烟灭，土崩瓦解，衰落灭亡，只剩下历代君主高山一样的坟墓，被荒草覆盖，漫坡荆榛，一片凄凉。历代王朝兴衰变迁留给后世的，只是夕阳西下之时牧人、樵夫闲唱的内容。作者思古，也是叹息，以豪放的笔调写出了深切的感伤，道出了封建王朝兴盛之时，任意奴役百姓，但终被人民推翻的历史规律。全词气韵沉雄，感慨颇深，读来有一种历史的沧桑感、凝重感。

鹧 鸪 天

辛亥除夕

其 一

皱面观河叹改颜，知经几世海为田。危巢容膝虽无地，乐土求心自有天。

灯到曙，酒余寒，檀炉香尽灭云烟。开头且看明朝事，扰扰纷纷更一年。

其 二

生也有涯乐有余，花明柳暗识长途，琢残白玉难成器，散尽黄金更读书。

梅蕊绽，柳枝舒，故吾镜里看新吾。眼前无限春光好，又写人间一画图。

［赏析］

这两首词作于1972年年初，应是张伯驹被聘为中央文史研究馆馆员之时。此一聘任对于词人确有"山穷水尽疑无路，柳暗花明又一村"的重大意义，所以词人心中充满了欢喜、欣慰之情又兼无尽的感慨，"其一"是说暂住在女儿家狭窄的房间里，只是容膝而已，意味着自己困窘的遭遇，但"乐土求心自有天"，词人心里并不悲观愁苦，充满着对前途的希望；"其二"是对自己一生经历的感叹和自嘲自慰，说自己一生难成大器，黄金散尽并不后悔，只求读书为快。最后才说道"眼前无限春光好，又写人间一画图"，对未来的新生活充满信心。

张伯驹常从口语中提炼出明白省净、富有表现力的语言，以寻常语度入音律，表现出清新精巧的构思和个人独特的情感。

人月圆

壬子中秋在天津

南斜街里髫龄事，回首梦当年。焚香祝酒。听歌丹桂①，看舞天仙②。

离乡辞土，一身萍梗，满目烽烟，依然此世，青春不再，明月还圆。

[注释]

①丹桂：丹桂茶园，张伯驹少年时看戏场所，在天津南市大街。
②下天仙茶园，张伯驹少年时看戏场所，在天津南市大街。张伯驹有诗："天仙丹桂市东西，文武全班角色齐，许处专能袍带戏，传人应是白文奎。"（见《红毹纪梦诗注》）

[赏析]

此词作于1972年，时年词人75岁，青少年时代曾家居天津，词中回忆起在天津看戏的往事，不禁感慨不已，时光飞逝，瞬间成了老人，一生漂泊，如同浮萍。

第四辑

选自《雾中词》

杜工部诗云"老年花似雾中看",余则以为人生万事无不在雾中,故不止花也。余之一生所见山川壮丽,人物风流,骏马名花,法书宝绘,如烟云过眼,回头视之果何在哉,而不知当时皆在雾中也。比年,余患目疾,而值春秋佳日仍作看花游山。遥岑远水,迷离略辨其色光,花则暗闻其香,必攀枝近目始见其瓣。情来兴至,更复为词,癸丑一年得百余阕。余已在雾中,而如不知在雾中;即在雾中,而又如知不在雾中。佛云"非空非色,即空即色",近之矣。余雾中人也,词亦当为雾中词,因以名余集。

——张伯驹

小 秦 王

癸丑①清明,同廖同、李大千、周笃文、潘素游大觉寺②

其 一

老年人在雾中行,无限光阴让后生。
耳畔喜闻春到了,杏花时节又清明。

其 二

旧雨③无多新雨来,看花今又踏青苔。
年年便是春长好,开落能知有几回。

其 三

夹道松阴石径斜,行行直似入云霞。
杏花恰对斜阳看,更着诗人与画家。

其 四

折来羞对杏枝妍,回首衰年梦少年。
只合玉兰花下立,白头相映各成颠。

[注释]

①癸丑:1973年为癸丑年。
②大觉寺:位于北京市海淀区阳台山麓,建于辽咸雍四年(1068年),寺院内环境幽雅,南院原有两棵树龄300多年的玉兰王。寥同、李大千、周笃文均为张伯驹的学生。
③旧雨:老友的代称。

[赏析]

清明时节,杏花盛开,春光明媚,词人同友人一起游园赏花,心情格外欢欣、愉悦,但词人时年已七十六岁,又患目疾,看花恰似雾中看,不免生出人生易老之慨叹,所以词中有"老年人在雾中行,无限光阴让后生""年年便是春长好,开落能知有几回"等语,但词人又是乐观的,不因年老而悲伤、失望,故又有"白头相映各成颠"之语。四首词风格一致,语言明快,音韵谐美、婉转,富含哲理,洋溢着词人对大自然的亲切感和愉悦感。

鹧 鸪 天

天津金钢桥花园对海棠

无限妖娆拥紫云，迷离眼外看横陈。虽经烧烛难为夜，不到倾城①不是春。

词一叠，酒三巡，这时未醉已销魂。自家镜里知妍丑，遮面羞来对美人②。

[注释]

①倾城：倾，用尽的意思。倾城，全城人尽数出动。另，倾城倾国指美女。
②美人：指海棠花。

[赏析]

此词描写词人观赏海棠花时的欢快心情。全词节奏轻快，欢悦朗畅，音韵抑扬顿挫，短促有力，适宜表现明快的情调。

水调歌头

和正刚①

冬雪瘗②秋草,夏雹泣春英。炎凉一例轮转,何必叩冥灵③。滚滚大江无尽,莽莽大荒无际,断野乱山横。逼仄④此天地,长醉不须醒。

人间世,生还灭,灭还生。黄钟弃置廊庙,瓦缶也雷鸣⑤。陵谷沧桑屡变,日月盈亏长换,造化本无情。万有付乌有,神驭上空清。

[注释]

①正刚:孙正刚(1919—1980),号晋斋,天津人,著有《词学新探》,曾任天津教育学院讲师。
②瘗(yì):掩埋,埋藏。
③冥灵:冥,迷信的人称人死后灵魂所在地方;灵,旧时称神仙或关于神仙的。
④逼仄:狭窄。
⑤黄钟弃置廊庙,瓦缶也雷鸣:指黄钟毁弃,瓦缶雷鸣。黄钟被砸

烂并被抛置一旁,而把泥制的锅敲得很响,比喻有才德的人被弃置不用,而无才德的平庸之辈却居于高位。

[赏析]

  此词作于1973年,国家处在十年动乱之中,是非颠倒,黑白混淆,社会秩序一片混乱,真正是黄钟毁弃,瓦缶雷鸣。词人一心爱国,却遭到打击,被逼到关外生活。面对这一切,作者既气不过,又无可奈何,言则得咎,所以有"长醉不须醒"的慨叹,但作者又坚信"造化本无情",相信真理必能战胜邪恶,污浊的世界必会澄清妖氛,呈现出政通人和的清明景象。全词气势阔大,苍凉悲壮,语气沉郁顿挫,抒发了作者心中的愤懑与辛酸。

瑞鹧鸪

挽孤桐①

云霄万里作神游②，晤别缘悭不少留。
座上风光忝骥尾③，天南星宿望龙头。

捧觞寿满图犹在，击钵声沉烛亦休。
此去九原应一笑，伫看完璧整金瓯。

[注释]

①孤桐：章世钊（1881.3.20—1973.7.1），字行严，湖南长沙人，笔名青铜、秋桐，晚年自号孤桐。其一生经历过5个朝代，是20世纪最杰出，也是最富争议的风云人物，民主人士、学者、作家、教育家和政治活动家，曾任中央文史研究馆馆长，与毛泽东感情深厚。1973年5月赴香港，同年7月1日去世。

②云霄万里作神游：1973年5月，章世钊为祖国统一大业，不顾92岁高龄，乘飞机去香港，同年7月1日在香港去世。

③忝骥尾：附骥尾，典故名，附着在千里马的尾巴上，可以远行千里，比喻仰仗别人而成名，后常用自谦的套语。此处指章世钊聘张伯驹为中

央研究馆馆员事。

④击钵声沉烛已休：击钵，打诗钟。是一种文人雅士活动。钵，在这里指铜盘。

⑤金瓯：金瓯永固，故宫金器，是清宫内不多见的皇帝专用饮酒器。金瓯永固的寓意是国家统一、江山永固。

[赏析]

　　章世钊先生是词人的要好朋友之一。1971年年底，在张伯驹人生命运最为艰困时刻，是章世钊仗义执言，并经周恩来批准，聘任了张伯驹为中央文史研究馆馆员。所以，作者对章世钊充满了深切的感激之情。词的上片是说，您乘飞机直飞香港也不过一个多月的时间，就这样在南方溘然去世，竟没有机会诀别。下片是回忆昔日和老友一起庆寿和打诗钟的欢乐场景。而如今，老友为着祖国统一大业而奔忙，不幸去世，那么，老友的心愿是不会落空的，且看祖国山河终有统一永固的一天，以告慰老友的在天之灵。

小 秦 王

题萧斋《牵牛花馆图》

其 一

金风玉露始相逢,鹊鹊桥头一水通。
为报人间秋意到,桂前莲后自成丛。

其 二

一年一度有佳期,天上何尝怨别离。
秋海棠花①多是泪,可怜思妇断肠时。

其 三

金井西风落碧梧,疏星数点雁来初。
昨夜天凉清雾滴,牵牛花②上满珍珠。

其 四

小扇欲捐暑气回,金凤一阵自西来。
秋心解识双星意,长向年年七夕开。

其 五

开来七夕有情天,相会银河不计年。
今日若教淮海③在,定应重赋鹊桥仙④。

其 六

如水天街白露凉,也知秋色胜春光。
银河相望终难渡,空自多情引蔓长。

[注释]

①秋海棠花:秋海棠是一种很有名的花卉,花朵别致,品种多,花朵成簇,四季开放,在此词中,亦借代牵牛花。

②牵牛花:亦称喇叭花,花形酷似喇叭,夏秋开花,其花语是爱情永固,象征着爱情冷静和虚幻。

③淮海:秦观(1049—1100),字少游,号淮海居士,北宋婉约派词人。

④鹊桥仙:《鹊桥仙·纤云弄巧》是秦观最有名的一首词,是一首纯情的爱情颂歌,上片写牛郎织女相会,下片写他们的离别。

[赏析]

张伯驹一生有很多咏花词,咏牵牛花则不多见,但这次他以小秦王词牌,一气呵成咏牵牛花20首,这里从中选出6首。词人借牵牛花象征爱情永固的寓意,写下了意同秦观《鹊桥仙》词的咏花词,赞美牵牛花对爱情的向往和执着。

人 月 圆

癸丑中秋,昼晴夜阴,不见月

轻阴酿雨云遮幕,奁镜①半尘凝。无花无酒,更无客到,且早休灯。

何须求缺,人生原是,易缺难盈。不劳相照,心田意境,自有光明。

[注释]

①奁(lián)镜:奁,女子梳妆用的镜匣;奁镜代指月亮。

[赏析]

"癸丑"为1973年,此词上片写实,中秋之时本该是花好月圆,亲人团聚的时光,却因阴云遮天,中秋无月。同时也写出了因当时政治环境险恶,人人自危,朋友也不敢聚会畅谈的寂寞而沉闷的现象。下片由景入情,以哲理写人生,感慨人生"易缺难盈",多是坎坷困顿。但作者在悲凉的心境中仍不乏光明的企盼,尤其是心中的道德追求,正气、骨气并不曾因世事的阴暗而丧失。"不劳相照",一句话表明作者对人生充满自信,不向当时的环境屈服,表现了词人任凭风云变幻,屡遭挫折也无所畏惧的倔强性格。

小 秦 王

雪中登雁塔①

其 一
茫茫天地接空濛,独倚危阑望欲穷。
雾眼浑疑春已到,飞花飘絮满关中。

其 二
周原上下尽铺棉,一望濛濛眼外天。
泾渭不流秦岭睡,乾坤倏换旧山川。

[注释]

①雁塔:指西安大雁塔。

[赏析]

全词写景,却景中见情,抒发出词人的壮阔胸襟,真是大笔挥洒,描绘出关中河山的壮观景色。本词遣词用字生动传神,形神兼备。特别是"雾眼浑疑春已到,飞花飘絮满关中",迷茫的飞雪犹如飞花飘絮,形容奇景,独特而又形象,显示了作品豪放风格及词人的浪漫气质。

瑞鹧鸪①

和周采泉②咏柳絮

其 一

成幄丝丝翠满围,辞枝纤影故霏霏。穿梭来去迷莺老,舞剪高低贴燕肥。

风簸漫天团又散,雪飘糁径坠还飞。桃花一样同轻薄,逐水无声气力微。

其 二

依水浓阴满四围,吹棉又似霰霏霏。雨迷烟草黄梅熟,雪压梨花白燕肥。

风力无凭难自主,春心有托向人飞。蝉声未咽莺声老,带到斜阳影更微。

其 三

藏莺笼马已盈围，尘又扑来雨又霏。粉蝶看成风助舞，玉梅疑是雪添肥。

忽天忽地团团转，非泪非花处处飞。衣被苍生无暖意，鸿毛欲比尚轻微。

其 四

泊絮门前乱一围，轻尘细雨共霏霏。玉钩垂箔春情懒，银粉弹弓雪意肥。

似泪还须和泪看，非花也应当花飞。可怜总是随流水，难得升天到碧微。

其 五

覆屋当门碧几围，絮飘看似雪霏霏。梁泥黏土燕栖稳，池水沉来鱼喽肥。

玳瑁筵前身自舞，秋千墙外影同飞。东风一阵吹还少，深院无人小径微。

其 六

一带笼阴映四围，迷空时起絮霏霏。飘零质易分轻重，琐碎身难论瘦肥。

春雪多疑因冷坠，东风长看向西飞。是花是泪教谁问，因果谈来事亦微。

[注释]

①瑞鹧鸪：词牌名，又名《五拍》，双调56字，平韵。

②周采泉（1911—1999）：浙江鄞州区人，杭州大学教授，浙江文史馆馆员，当代诗词、楹联大家，文史学家。张伯驹以《瑞鹧鸪》词牌填"咏柳絮"词共八首，每首每句的最后一字均相同。这里选六首。

[赏析]

"咏柳絮"写的是暮春残景，流露出一种留恋惋惜而又无可奈何的情绪，作者把柳絮的随风飘荡喻为和人一样的命薄，寄予同情，也有嘲讽柳絮轻薄的含义。全文写暮春风景生动形象，感情缠绵。

浣 溪 沙

癸丑重阳独登陶然亭①

老眼迷离不见山,江亭独自倚阑干。霜风凄紧雁南还。
旧雨都随衰苇尽,小塘犹剩败荷残。香魂鹦鹉两无言。

[注释]

①癸丑重阳独登陶然亭:"癸丑"为1973年。陶然亭:位于北京市南二环陶然桥西北侧。有"都门胜地"之誉,清代名亭,也是中国四大名亭之一,园内楼阁参差,亭台掩映。亭南山麓有"玫瑰山",其地原为香冢。有鹦鹉冢、赛金花墓遗址。

[赏析]

重阳已是寒秋时分,词人独自登山远眺,自有一种悲凉空阔之感,更何况霜风凄紧,衰苇、败荷,满目萧瑟,老朋友也都一个个离开了人世,词人悲从中来。看到鹦鹉冢、赛金花墓,凄凉寂然,更增加词人吊古之感怀。此词意境清峻、凄美,语言流畅哀怨,寥寥数笔,令人怆然。

小 秦 王

癸丑天津旧总督署公园①同梦碧、机峰、牧石、绍箕②看海棠赋

其 一

七十年来换物华,风雨忆折一枝斜。

癫狂不是余年事,即在童时已爱花。

其 二

老来只作看花吟,已少风情惜寸阴。

欲藉芳茵随一醉,犹嫌酒浅负杯深。

[注释]

①天津旧总督署公园:即袁世凯曾经办公的直隶总督府,辛亥革命后,直隶总督更名为直隶都督,办公地点未变。1937年7月,日军飞机炸毁了直隶总督署,这里成为废墟。1949年以后,天津市在此建造了金钢公园。

②梦碧、机峰、牧石、绍箕：即寇梦碧，陈机峰，张牧石，杨绍箕，均为天津著名文人，词人。

[赏析]

此词作于1973年，言说自己爱花之情自童时已有，且愈到老年，爱花已成痴情，特别是更爱海棠，每至海棠花下，总有沉醉之感。

第 五 辑

选自《无名词》

某岁月，蛰园律社诗课，题为春草，韵九佳。余有句云："争如有意年年发，多半无名处处皆。"郭蛰云太史大激赏之。而余亦无名者也，然无名而好名。自三十岁学为词，至庚寅后二十几年，有集《丛碧词》。周玉言君跋云：词以李后主始，而以余为殿。此语一出，词老皆惊，余亦汗颜，而心未尝不感玉言也。此即好名之心，而自以为有名者矣。老子曰道无名，有名非道也。六祖慧能偈云："菩提本无树，明镜亦非台。本来无一物，何处著尘埃。"本无名而有名，是非道矣；本无名而有名，是著尘埃矣。继《丛碧词》二十几年，又有《春游词》《秦游词》《雾中词》。自是非道者，著尘埃者，而迄不自知也。甲寅一年，复有词二百数十阕，因思何以名集。余即将八旬，以诵佛所得，以为文彩风流皆是罪障。悟及此，才一年间耳，正针对余之无名而有名。甲寅年词，即以"无名"名之。盖为知止而止，此后不再为词，无词即无名矣。使余心如止水，如死灰，尽忘一生之事；于余一身未了将了之前，先入此境界。其可乎！

——张伯驹

小 秦 王

大觉寺纪游①

鹫峰至大觉寺途中

丛生荆棘刺牵裾,石蹬倾斜步恐虚。
世上本无平坦路,山行莫怨太崎岖。

(自管家至大觉寺,山路崎岖,石磴倾斜,颇为难行。)

听 泉

清泉汩汩净无沙,拾取松枝自煮茶。
半日浮生如入定,心闲便放太平花。

(泉在寺后小山前,流入瓮池,松塔有平坛,汲水煮茶。静坐其下,此时如入定僧,心太平矣。)

[注释]

① "大觉寺纪游"共十七首,这里仅选二首。

[赏析]

《无名词》为作者1974年间的词作,二百多首。此时作者已年近八旬。此词集及后来的《续断词》集,是作者的晚年之作。作者一生命运坎坷,长期颠沛流离,"文革"中更遭迫害,衣食无着,1971年年底、1972年年初在章士钊先生的推荐和周恩来总理的过问下,被聘入中央文史研究馆,生活始得安定,心神始平静泰然。回顾一生,感慨颇多。自谓"心如止水,如死灰,尽忘一生之事"。所以作者晚年之作,既充满对人生沉浮的感慨彻悟的哲理,也充溢着尽享大自然美景的愉悦心情。词人晚年为文,不事推敲,不计工拙,然又自然天成,风格流畅清新。

小 秦 王①

甲寅②夏至后一日

小院深深昼日长,绿阴如幕罨③南窗。
蝉声催醒午时梦,又向人间送夕阳。

检点阶花几朵开,薄衫短裤立苍苔。
残阳明灭邻墙外,听盼雷声阵雨来。

蒲葵挥扇坐中庭,爱看流萤早灭灯。
明日又当愁昼热,一天水碧点繁星。

[注释]

①"小秦王"共四首,这里选三首。
②甲寅:1974年为农历甲寅年。
③罨(yǎn):覆盖,掩盖。

[赏析]

这是作者生活中的随感小词。这几首词写得自然流畅,情趣真切,描境抒情,惟妙惟肖,音韵优美,语言清新自然,不露斧凿痕迹,充分流露出作者热爱生活,顺随自然,善于发现生活乐趣的闲适情趣。

鹧鸪天

甲寅①除夕

问是无名是有名,身非白玉琢难成。花翁高步登雪气,词少长吟掷地声。

装旧酒,换新瓶,风流一世论生平。春蚕未到丝全尽②,不作飞蛾不了情③。

[注释]

①甲寅:1974年为农历甲寅年。

②春蚕未到丝全尽:反用李商隐《无题》诗句"春蚕到死丝方尽,蜡炬成灰泪始干"的意思,自嘲才华已尽。

③不作飞蛾不了情:飞蛾,即飞蛾扑火之意,作者称赞飞蛾执着的牺牲精神,至死方休,嘲讽自己没有飞蛾精神。

［赏析］

　　这是一首抒情词。1974年，作者已77岁了，回首一生，顿生感慨，对自己一生的词作生涯，作了认真地回顾和总结，自谦缺少才华，创作诗词缺少掷地有声的感人力作。同时，作者在《无名词》自序中说："甲寅年词，即以'无名'名之。盖为知止而止，此后不再为词，无词即无名矣。使余心如止水，如死灰，尽忘一生之事；于余一身未了将了之前，先入此境界。其可乎！"显然，作者心中涌起了历代文人墨客在失意之时常有的"出世"思想。这年除夕，国家仍然处在"文革"十年的动荡之中，作者在"文革"十年中饱受磨难，而此时仍不知灾难何时结束，忧虑国家、人民的痛苦心情溢于言表，而又无可奈何，赤子之心，感人至深。

小 秦 王

携外孙女游紫竹园①，天半阴，坐湖边，蝉声断续，白莲初开，赋此

耳际蝉声换世声，风来荷气入心清。
浮生半日如千日，应是忘情太上情②。

[注释]

①紫竹园：位于北京市西北近郊，海淀区白石桥附近，是一座以水景为主的自然式山水园，园中有大小湖泊3个。

②忘情太上情：太上老君所言的道家哲学"太上忘情"，不为情绪所动，不为情感所扰，指圣人不为情感所动，超然于世。

小 秦 王

和君坦。去西安前,携外孙游紫竹园

沿堤暑雨长蒹葭①,万柳垂阴水一涯。
何处更寻干净土,白莲花里是吾家。

[注释]

①蒹葭(jiān jiā):芦苇。

[赏析]

这两首词写的都是同一景区的景象,垂柳万株,风轻荷绿,远山近水,空无一人,好一处自然风景,自有天然胜韵,词人不觉陶醉其中。两首词词风旷达洒脱,洋溢着佛心惮意,不愧是词人词中的逸品。

人 月 圆

十六日晴,月圆光满,再赋

团圆但见清辉满,不必在中秋。昨宵又放,明宵渐缺,今夜光浮。

如环时喜,如钩时怨,何日才休。举手相望,故乡千里,又怕低头。

［赏析］

这首词写于1974年中秋后次日。词人曾于中秋日说"是日天雨无月"。农历十六,月光再现,月也更圆。此词以天气的阴晴无定劝喻人们不必刻意追求必在某一时达到的目的或希望,应该随遇而安,心胸广阔,不要月圆而喜,月缺而悲,如此下去,何日才是忧愁的尽头呢?最后,词又回到"举头望明月,低头思故乡"的意境。此词全是说理,如谈家常,也无典故,但入情入理。语言温润圆融,体现了词人词作的又一风格,不仅擅长写景抒情,也擅以词说理,别有情味。

小 秦 王

甲寅夏至后,花蔬八咏

牵牛花①

夏至长天乍短时,秋心未露早花知。
金风待送银河信,好盼双星②诉别离。

凤仙花③

捣碎小花密密封,细香犹自带薰风。
琵琶慢拨轻挑处,露出纤纤指甲红。

五色梅④

野草闲花也号梅,梦疑彩笔脱囊开。
只因不识林和靖⑤,难向空山傲雪来。

马铃薯

煨芋山中亦当禾,何惭栽种傍花窠。
五陵回忆贵公子,不见双双鸣玉珂。

蘑 菇

黄梅时节雨丝丝,自长朝茵地湿卑。
一例阴生晴又灭,仙山何更来灵芝。

[注释]

①牵牛花:一年生缠绕草本,花酷似喇叭状,因此也称"喇叭花"。花的颜色有蓝、绯红、桃红、紫等,花期以夏秋最盛。

②双星:指牵牛星和织女星。

③凤仙花:一年生草本花卉,别名指甲花,花色多样,有粉红、大红、紫色、粉紫等,将花瓣或者叶子捣碎,用树叶包在指甲上,能染上鲜艳

的红色,很受女孩子喜爱。

④五色梅:同马樱丹,常绿灌木,一般花期大约在4月中、下旬,到隔年的2月中旬左右。一丛花序之中常会有多色的变化,所以也称五色梅,同时枝叶含有特别的刺激气味,所以也有臭草、臭金凤等别名。

⑤林和靖:林逋(967—1028)后人称和靖先生,北宋著名隐逸诗人。其诗句:"疏影横斜水清浅,暗香浮动月黄昏。"被誉为"千古咏梅绝唱"。

[赏析]

张伯驹咏物词甚多,主要是咏花,有梅、兰、杏、桃,有海棠、玉兰、牡丹等,也咏花蔬,咏得颇为雅致,可见其词题材之宽。

小 秦 王

怕黄昏却又黄昏,独对阑干半泪痕。
犹忆旧园人散后,梨花满院月当门。

（旧居承泽园多梨花,枝叶带雨,半似啼痕,宴客赏花,客散后,月夜每与相对。）

［赏析］

张伯驹善用口语,轻快活泼而有不尽之意,读来疏朗明快,具有化俗为雅之功效,又提高了词的格调。

第六辑

选自《续断词》

佛云，入人世即苦境，故为出世法。而人不知也。一生得失升沉，争逐驰骋，果何所谓，比老之已至，一回首皆明日黄花，戚友凋零，妻孥纤弱，身如独夫，而耳之所闻，目之所见，又都不如意。是当归不归，而犹作续断，其不更苦乎？然佛法万事随缘，当归而归，亦自然随缘而归；当归不归，亦自然随缘而作续断。此即即有即无，不黏不脱。佛有出世而在世者，人亦有在世而出世者，只在此心，心即佛即缘也。余甲寅词名《无名词》，意在知止而止，不以无名而求名、好名，此后不再为词。但乙卯一年间，逢节令，春秋佳日，看花游山，及友人征题、征和，仍复有作，已过百阕。其不大背《无名词》之旨！余何以自剖，盖如上言。缘之未了，情之尚在，当归不归，亦自然随缘而作续断，余亦不自知也。余乙卯年为词，不事推敲，不计工拙，于余昔年词工力大差。只是当归不归，自然随缘而暂作续断耳，不能以词论也。故名余乙卯词为《续断词》。

——张伯驹

浣 溪 沙

乙卯霜降后一日,独上香山赏红叶

孤鹜残霞①共一天,秋光装点旧山川。霜红晚映夕阳妍。摇落尽随心绪外,飘零半在泪痕边。胭脂坡上几经年。

前 调

和君坦,倒押"年"字韵②

绮梦③匆匆过少年,醉边不在即吟边。老来何意向秋妍。转绿回风余晚照,流红逝水付前川。一声长笛雁横天。

[注释]

①孤鹜残霞:借用王勃《滕王阁序》中名句"落霞与孤鹜齐飞,秋水

共长天一色"之意。

②倒押"年"字韵：指此词上片第一句最后一字的韵脚，与上一首词下片最后一句的韵脚"年"字完全相同，而此词最后一句的韵脚，用字又同上一首第一句的最后一字的"天"完全相同。

③绮(qǐ)梦：指枫叶美丽而短暂的一生。

[赏析]

　　这是两首写景抒情词，赞叹枫叶的美丽和感慨其残秋飘零的命运，有以枫叶自喻华年流逝的哀伤。词中景色壮丽、寥廓、苍劲，兼有悲凉之气。"一声长笛雁横天"意境深远，浑融阔大，余味无穷。这两首词采用倒押韵的手法，但自然流畅，毫无牵强雕琢痕迹，足见词人词作艺术的娴熟。

小 秦 王

和牧石①。题静宜②女史为夏瞿禅③画《双溪词意图》

只载轻舟不载愁④,愁随流水去悠悠。
春光沉到双溪底,忍忆西风更上楼。

[注释]

①牧石:张牧石(1928—2011),张伯驹友人,字介庵,号邱园,天津人,词人、篆刻家,又辅以京剧、曲艺、舞蹈、武技。

②静宜:张牧石夫人。

③夏瞿禅:夏承焘(1908—1986),张伯驹友人,字瞿禅,浙江温州人,毕生致力于词学研究和教学,是现代词学的开拓者和奠基人之一。

④只载轻舟不载愁:宋词人李清照词《武陵春》有句:"只恐双溪舴艋舟,载不动许多愁。"张伯驹此句即反其意而用之。

[赏析]

此词精致典雅,工巧流丽,传达了一种至美、至情、至纯的意境,语言俏皮灵动,笔墨简洁生动,将唐宋小令轻快活泼的风格尽显无遗,这也是张伯驹词风的突出特色。更有深意的是,一反李清照"只恐双溪舴艋舟,载不动许多愁"之词意,显现出张伯驹的乐观天性和智慧。

鹊 桥 仙①

和君坦②乙卯七夕阅《长生殿》③曲本

银河倒泻，金风直下，鹈雀填桥无力。细钗密誓共长生④，已早露、马嵬⑤消息。

铅华净洗，蛾眉淡扫，谁问杨家贵戚。可怜一曲咏霓裳，也竟似、湘灵瑟寂。

[注释]

①鹊桥仙：词牌名，又名《金风玉露相逢曲》《广寒秋》等，双调56字，仄韵。又一体双调88字，仄韵。

②君坦：黄君坦（1901—1986），张伯驹友人，字孝平，福建闽侯人。1961年9月被聘为中央文史研究馆馆员。

③《长生殿》：《长生殿》是清初剧作家洪昇创作的传奇（戏剧），共二卷，表现了对唐玄宗和杨玉环之间爱情的同情，寄托了对美好爱情的理想。长生殿在骊山华清宫内。

④细钗密誓共长生：细钗均为用金翠珠宝等制成的首饰。唐诗人白居易诗《长恨歌》有句："七月七日长生殿，夜半无人私语时。在天愿作

比翼鸟，在地愿为连理枝。"

⑤马嵬：杨玉环被赐死处，在今陕西兴平市西。

⑥湘灵：传说中的湘水之神，即舜帝的妃子娥皇和女英，另有与诗人白居易关系密切的历史人物湘灵。《楚辞·远游》："使湘灵鼓瑟兮，令海若舞冯夷。"

[赏析]

  唐玄宗与杨贵妃的爱情悲剧为历代文人所咏叹，唐玄宗早年励精图治，因此有开元盛世；晚年荒淫无道，因此有安史之乱。所以，历代人们对李杨悲剧是怀有复杂情感的，后经白居易诗《长恨歌》的广泛流传，李杨的爱情悲剧便被逐渐赋予普遍的意义，使历代读者对这一悲剧产生了高度的同情，在一定程度上已脱离了历史的原貌。张伯驹这首词的思想感情是与《长恨歌》所蕴含的情感一致的。

临 江 仙

立冬日，董意适邀游黑龙潭看红叶，并访白家疃传说曹雪芹故居

西北重峦叠嶂，东南沃野平川①。九城阛阓②隐云烟。寒鸦残照影，霜叶晚秋天。

斯地或非或是，其人疑佛疑仙。痴情千古总缠绵。心花生梦笔，脂砚③写啼笺。

［注释］

①西北重峦叠嶂，东南沃野平川：曹雪芹晚年居北京西郊。北京西部和北部是连绵不断的群山，东南部是一片缓缓向渤海倾斜的平原。

②阛阓(huán huì)：街市。

③脂砚：脂砚斋，为《红楼梦》最早的评论者别号，其姓名不详，与曹雪芹关系密切(见《辞海》"脂砚斋重评石头记"条)。

[赏析]

这是一首凭吊抒情词。作者与朋友游北京西山，寻访传说是曹雪芹故居的白家疃，抒发了对曹雪芹故居萧条景象的感慨和对曹雪芹的仰慕之情。上片写景气势壮阔，情感悲凉；下片抒情，笔触凝重，感情深沉。全词情景交融，风格悲壮。

浣 溪 沙

　　乙卯八月晦日，往访西郊正白旗传为曹雪芹故居……是日同游者有萧钟美、夏瞿禅、钟敬文、周汝昌、周笃文、李今及室人潘素等。时西风渐紧，黄叶初飘。

象鼻山西有小村，荒凉矮屋掩柴门。旧时居处出传闻。
天外飞霞思血泪，风前落木想神魂。伤心来吊可怜人。

　　（村在象鼻山之西。曹雪芹居处虽出于传闻，而思及雪芹之身世，对景顾影，殊可怜也。）

[赏析]

　　这首词情真意切，有些话是词意双关，既是咏红咏曹，也倾吐出自己的心声，如"天外飞霞思血泪，风前落木想神魂。伤心来吊可怜人"。真是"既痛逝者，行自念也"。因为张伯驹先生也是一个绝假纯真的"真人"，也是公子前身，黄金散尽，把自己费尽毕生心血收藏的文物珍品捐献给国家，却先后被划成"右派""现行反革命分子"，被扫地出门，来到"穷边绝塞"，又被下放到农村，真是"落了片白茫茫大地真干净"。因此，面对传说中的曹雪芹故居，能不发生共鸣吗？此词一反含蓄委婉风格，直抒真情，毫不隐晦。

临 江 仙

游旸台山①，登鹫峰②

旧侣半为宿草③，新欢尽是豪英。老年行共少年行。诗笺书彩素，画笔写丹青。

金缕绿杨织就，绮罗红杏裁成。鹫峰豁目一川平。花光回晚照，春色过长城。

[注释]

①旸台山：位于北京海淀区和门头沟区的分界线上，林木茂密，山中分布着许多名胜古迹。

②鹫峰：位于旸台山东麓，有大觉寺，千年古刹之一。

③宿草：隔年的草，借指坟墓。

[赏析]

这首词一反上片写景、下片抒情的常规，而是上片抒情，下片写景。上片是写老少俊才共游旸台山。下片写旸台山春景，结句气魄极大，气象恢弘。语言顿挫，有金石之声，犹如引吭高歌。这样豪迈大气的词作，在词人晚年词作中是少见的。

忆王孙①

大雪节前夜初雪，晨晴。和君坦

窗灯炉火夜寒浸，初雪成花飘满林。残迹晴时无处寻。湿庭心，屐齿泥粘人少临。

[注释]

①忆王孙：词牌名，常用体，31字。另有《怨王孙》者，双调54字。与此单调绝然不同。

[赏析]

寒冷的雪夜，没有人来叙谈。漫天雪花倒也壮观，但天亮雪消，无迹可寻，岂不像人的一生，回顾一生，空无所获。雪湿了词人的小屋，也冷到了词人的心里。此词情怀伤悲，语言既有豪壮之辞，亦有凄冷小巧之言。